EDMUND BURKE

UMA DEFESA DA
SOCIEDADE
NATURAL

# EDMUND BURKE

# UMA DEFESA DA
# SOCIEDADE
# NATURAL

Tradução:
**Roberta Sartori**

Introdução:
**Ivone Moreira**

Posfácio:
**Pedro Henrique Alves**

SÃO PAULO | 2022

**Título original:** *A vindication of natural society or, a view of the miseries and evils arising to mankind from every species of artifical society. In a letter to lord \*\*\*\* by a Late noble writer – 1757*

Copyright © da edição – LVM Editora

Os dircitos desta edição pertencem à LVM Editora, sediada na
Rua Leopoldo Couto de Magalhães Júnior, 1098, Cj. 46 - Itaim Bibi
04.542-001 • São Paulo, SP, Brasil
Telefax: 55 (11) 3704-3782
contato@lvmeditora.com.br

**Gerente Editorial** | Chiara Ciodarot
**Editor -Chefe** | Pedro Henrique Alves
**Tradução** | Roberta Sartori
**Revisão** | Laryssa Fazollo e Marcio Scansani
**Preparação** | Marcio Scansani e Pedro Henrique Alves
**Projeto gráfico** | Mariangela Ghizellini
**Diagramação** | Décio Lopes

Impresso no Brasil, 2022

Dados Internacionais de Catalogação na Publicação (CIP)
Angélica Ilacqua CRB-8/7057

---

| B973d | Burke, Edmund |
|---|---|
| | Uma defesa da sociedade natural / Edmund Burke ; tradução de Roberta Sartori ; introdução de Ivone Moreira. - São Paulo : LVM Editora, 2022. 128 p. |
| | Bibliografia ISBN 978-65-5052-056-4 Título original: *A vindication of natural society* |
| | 1. Ciências sociais  2. Conservadorismo  3. Filosofia  I. Título II. Sartori, Roberta    III. Sartori, Roberta |
| 22-6747 | CDD 320.52 |

---

Índices para catálogo sistemático:

1. Ciências sociais

Reservados todos os direitos desta obra.

Proibida a reprodução integral desta edição por qualquer meio ou forma, seja eletrônica ou mecânica, fotocópia, gravação ou qualquer outro meio sem a permissão expressa do editor. A reprodução parcial é permitida, desde que citada a fonte.

Esta editora se empenhou em contatar os responsáveis pelos direitos autorais de todas as imagens e de outros materiais utilizados neste livro. Se porventura for constatada a omissão involuntária na identificação de algum deles, dispomo-nos a efetuar, futuramente, as devidas correções.

# SUMÁRIO

Prefácio à edição brasileira de Uma Defesa da Sociedade Natural....11

Prefácio à Segunda edição de 1757.......................... 35

Uma carta ao Lorde **** – Uma Defesa da Sociedade Natural ..... 45

Posfácio: Para entender um pouco melhor esse tal Burke ........ 115

# PREFÁCIO À EDIÇÃO BRASILEIRA
## IVONE MOREIRA

# PREFÁCIO À EDIÇÃO BRASILEIRA DE
# UMA DEFESA DA SOCIEDADE NATURAL[1]

IVONE MOREIRA

Gostaríamos de saudar o aparecimento desta excelente tradução de Edmund Burke, *Uma defesa da sociedade natural* (*Vindication*), um tão interessante quanto polêmico texto de juventude de Edmund Burke.

Antes de me referir à obra propriamente dita, apresentarei, muito sumariamente, essa grande figura que foi Edmund Burke.

Pela natureza do presente escrito, que pretende, fundamentalmente, introduzir *Uma defesa da sociedade natural*[2], far-se-á

---

1. Todas as notas de rodapé deste livro pertencem à edição da LVM Editora. (N. E.)
2. O título original da obra é *A vindication of natural society: or, a view of the miseries and evils arising to mankind from every species of artificial society. In a letter to Lord \*\*\*\* By a late noble writer*. (N. E.)

apenas uma despretensiosa e breve referência a esta ilustre figura, pelo que a sua apresentação fica aqui reduzida a uma nota brevíssima, que tem por objetivo enquadrar um pouco o autor para melhor compreensão da obra, para aqueles que não o conhecem, e estimular o interesse dos leitores a investigarem mais a seu respeito.

# DO AUTOR

Edmund Burke nasce em Dublin, em 12 de janeiro de 1729, ou de 1730, há argumentos válidos para ambas as datas. O pai, Richard Burke, é advogado, julga-se que convertido ao anglicanismo por conveniência, já que durante a vigência das leis contra o "papismo" (*popery laws*)[3] os devotos católicos eram discriminados e, entre muitas outras restrições, não podiam educar os filhos nem exercer cargos públicos. A sua mãe, Mary Nagle, era católica, de uma família tradicional de Cork.

Na Irlanda daquele período, nos casamentos entre católicos e protestantes, as filhas eram educadas na religião da mãe e os filhos na religião do pai, assim, Burke frequenta desde cedo um colégio protestante em Ballitore dirigido por Abraham Shackleton, um dissidente Quaker. É daí que terá saído para o Trinity College, em Dublin. Embora se encontre

---

3. Referimo-nos à votação em 1703 para a aprovação no Parlamento da Irlanda de uma lei para contenção da prática do catolicismo: "An Act to prevent the further Growth of Popery", vulgarmente conhecido como o "Popery Act" ou "Gavelkind Act". O Gavelkind Act deve o seu nome ao fato de que, entre muitas outras medidas, alterava o sistema de morgadio e obrigava a divisão da herança por todos os herdeiros, acabando assim com o poderio das grandes famílias irlandesas com propriedades, já que, no espaço de uma ou duas gerações, se viam desprovidas do poder que lhes conferiam a riqueza e a propriedade de latifúndio.

nos registros do colégio desde 1743, alguns biógrafos julgam que terá, de fato, entrado apenas em 1744.

É na sua passagem pelo Trinity College que, desde muito cedo, se inicia nas atividades literárias. É desse período a publicação de *The Reformer*, uma miscelânea de textos de poesia, crítica literária, peças de teatro, que Burke edita e para a qual contribui.

Em 1748 obtém o seu diploma de bacharel em Artes e há registro da sua inscrição subsequente em Middle Temple; contudo nunca chega a praticar advocacia, contrariando as expectativas de seu pai a seu respeito.

Julga-se que, no período que vai de 1750 a 1754 (para alguns autores, possivelmente até 1756), mantém com o seu amigo William Burke, a quem chama *"cousin"*, mas cujo parentesco não está comprovado, um caderno de notas com textos tão diversos como epitáfios, análises de caráter, poesias, pequenas peças literárias sobre religião ou artes, contributos diversos com temas muitas vezes retomados mais tarde por Burke, provenientes de ambos os jovens e nem sempre assinados.

Pensa, nessa altura, dedicar-se à literatura, mas, então, tal como hoje, o mundo da literatura não é suficientemente rentável para que se possa viver apenas dele. Todavia, durante toda a década de 1750, produz abundantemente e publica com os Dodsley, casa editora com quem Burke viria a estabelecer uma longa história de fidelidade mútua, primeiro com Robert Dodsley, que morre em 1764, e depois com o seu irmão James Dodsley.

Em maio de 1756, publica, justamente para essa editora de Dodsley, a obra que aqui se dá à estampa em tradução brasileira, *Uma defesa da sociedade natural*, a qual apresentaremos adiante mais detidamente. É publicada primeiro anonimamente e, no ano seguinte, numa segunda edição já assinada.

Em meados de 1756, colabora com William Burke na redação de *An Account of the European Settlements in America*, que tem a forma de uma história dos povos das Américas, repartida pela análise dos povos sob as várias colonizações europeias: a inglesa, a espanhola, a portuguesa e a francesa. A obra aparece primeiro sem o seu nome, mencionando apenas a autoria de William Burke, embora hoje haja a convicção de que a maioria do texto é de sua autoria; de resto, muitas publicações suas desta altura são anônimas, embora a sua autoria acabasse por ser conhecida nos meios literários.

Burke assina com Dodsley em fevereiro de 1757 um contrato para publicação de uma história da Inglaterra; desse contrato faz parte o requisito de que a obra seja assinada, sendo Burke, nessa altura, uma figura com prestígio literário suficiente para que o editor fizesse essa exigência, como nota F. P. Lock. Burke deveria entregar o texto até ao Natal de 1758, mas o Natal passou-se sem que Burke cumprisse o ajustado e entrega apenas uma parte em 1760[4], sob o título de *An Abridgment of an English History*.

Ainda em 1757, publica *A Philosophical Enquiry into the Origin of Our Ideas of the Sublime and Beautiful*[5], no qual, afirma, trabalhara desde os seus tempos de estudante em Trinity

---

4. "Burke signed a contract for a 'history of England from the time of Julius Caesar to the end of the reign of Queen Anne' on 25 February 1757. The agreement was with Robert Dodsley, who had published his earlier books. [...] Burke was to submit the manuscript by 25 December 1758, and agreed to put his name to the work.", F. P. Lock (1998), *Edmund Burke, Volume I, 1730-1784*, Oxford: Clarendon Press, p. 143.

5. No Brasil encontramos a seguinte edição: BURKE, Edmund. *Investigação Filosófica sobre a Origem de Nossas Ideias do Sublime e da Beleza*. São Paulo: Edipro, 2016. (N. E.)

College. Num certo sentido, esse texto de investigação em psicologia é o mais completo exemplo de um texto especulativo e filosófico, de caráter único no conjunto da sua obra. Essa investigação contribuiu decisivamente para consolidar o que pensa sobre a natureza humana e vai ter impacto em toda a sua obra posterior, mesmo na sua ulterior interpretação da Revolução Francesa.

Em 1758 assina um contrato para edição de uma muito completa revista anual que relata todos os acontecimentos de interesse, quer nacionais, quer internacionais: *The Annual Register or a View of the History, Politics, and Literature For the Year...*, ficou estabelecido que sairia na primavera e conteria o relato do que teria acontecido no ano anterior. A obra destinava-se ao leitor de cultura média. O próprio editor, sempre sob anonimato, define o objetivo dessa publicação como um compromisso entre a Magazine e a Revista. Da publicação constava uma primeira parte intitulada *Historical Article*, com um alcance latitudinário que englobava desde política internacional, com especial destaque para a política europeia e colonial; conflitos e campanhas militares e expedições de caráter científico; um suplemento intitulado *Chronicle* com relatos de eventos culturais e políticos, nacionais e estrangeiros, e das polêmicas a eles associadas, e que teriam sido reportados ou em jornais locais ou dos quais se tinha conhecimento por correspondentes. A essa seção seguia-se um *Appendix* que fazia a revista de imprensa do que se tinha publicado e a sua crítica literária e ideológica.

O envolvimento de Burke com essa publicação é mantido privado e a publicação, editada anonimamente. Os estudiosos divergem a propósito da exclusividade e extensão da sua colaboração. Frederick Lock e Thomas Copeland, dois notáveis investigadores, situam Burke como responsável exclusivo pela publicação para os anos 1758 e até, pelo menos, 1764, publicado em 1765, uma vez que, no contrato e nos recibos de pagamento da casa editorial, apenas consta o nome de Burke para esses anos. A partir de 1766, começa a aparecer comprovativo de que há, pelo menos, mais um colaborador. A hipótese alvitrada por F. P. Lock é a de que Burke, que entra na vida política em 1765, tem, eventualmente, menos disponibilidade para se ocupar da publicação[6].

---

6. A posição dos investigadores quanto à extensão do envolvimento de Burke com a publicação não é unânime. Dois dos mais credíveis estudiosos de Burke partilham opiniões, mas também divergem, e o último estudo desenvolvido sobre o assunto, de F. P. Lock em *Edmund Burke*, Volume 1, atribui responsabilidade segura a Burke apenas até à publicação referente ao ano de 1764 e publicada em 1765: "Burke's editorship of the Annual Register was not a matter of common public knowledge. Indeed, the length and extent of his association with it have been much disputed. The available evidence suggests that he edited the first seven years of the Register (for 1758-64), and that the volume for 1764 (which appeared in 1765) was the last for which he was responsible. Burke's immediate motive for relinquishing the task was probably his appointment in July 1765 as private secretary to the Marquis of Rockingham, the beginning of his political career". F. P. Lock,(1998), *Edmund Burke*, Vol. I: 1730-1784, Oxford: Clarendon Press, p. 166. Já Thomas Copeland atribui a Burke um período muito mais lato de compromisso com o *Annual Register:* "Although we do not yet know the full story of Burke's association with the Annual Register, what we do know about it suggests several likelihoods as to the authorship of certain of the contents. Though Burke for his own reasons never admitted any association with the magazine, we now know beyond question that it was he who launched it successfully in 1758, and that he remained its chief editor from that time until at least the year 1789. We know also that, at the outset of the venture, Burke alone contracted with the publishers to write and compile the yearly issues; the contract, in Burke's handwriting, has been discovered, and its terms are clear. We have no evidence that any writer other than Burke was engaged upon the work before 1766." "Edmund Burke and the Book Reviews in Dodsley's Annual Register" Thomas Wellsted Copeland, *Proceedings of the Modern Language Association of America*, Vol. 57, n° 2 (Jun/1942), p. 446-68, p. 446.

Burke virá a publicar centenas de páginas durante a sua longa carreira política, de entre os milhares produzidos e publicados postumamente, nomeadamente os seus discursos no Parlamento e a sua vasta correspondência. O elenco datado de todas as suas publicações não cabe, contudo, fazê-lo aqui, pelo que nos limitamos à notícia das obras de juventude publicadas no mesmo período da *Uma defesa da sociedade natural* e à referência a algumas obras mais significativas do período da Revolução Francesa.

Como mencionamos antes, mesmo mantendo-se muito ativo e publicando abundantemente, a sua produção literária e jornalística não basta para garantir a autonomia da família que Burke, entretanto, formara. É aqui que começa o seu percurso profissional extraliterário que o vai conduzir à política e do qual faremos aqui uma breve resenha.

Embora não se conheça precisamente a data, talvez pelo ano de 1759, Burke começa a colaborar, na qualidade de seu secretário pessoal, com William Gerard Hamilton, um político sem grande notoriedade, com dois discursos célebres, mas nada mais, o qual, em 1765, propõe uma pensão vitalícia para Burke através do *Irish Establishment*. Na sequência da sua atribuição, exige uma dedicação exclusiva de Burke, querendo mesmo impedi-lo de publicar. A condição que Burke apresentava para aceitar a pensão e continuar a colaborar com Hamilton era poder manter a sua atividade literária, nunca pondo em causa as suas funções de secretário de Hamilton – note-se que a literatura era a vocação que o fez recusar a carreira de advogado –, mas Hamilton não aceita e propõe a assinatura de um contrato vitalício em exclusividade. Mesmo em situação econômica delicada, Burke recusa a pensão e renuncia ao cargo junto de Hamilton acusando-o de ver nele um escravo.

Em julho de 1765, Burke assume o cargo de secretário privado de Lord Rockingham, líder do partido *Whig* e *First Lord of Treasury*. Burke irá, com o tempo, tornar-se o porta-voz do partido *Whig* na Câmara dos Comuns, cargo que manterá durante 29 anos, mas, num primeiro momento, a sua entrada no Parlamento como deputado acontece por generosidade e deferência do seu amigo William Burke, que, em 23 de dezembro de 1765, lhe cede o lugar para o qual tinha sido eleito por Wendover, círculo eleitoral de Lord Verney. Lord Rockingham apoiará a recondução de Burke no Parlamento em eleição subsequente, mas não nessa primeira vez. Todavia, nas eleições seguintes, no que seria para Burke o seu segundo mandato, apesar do apoio de Lord Rockingham, que o faz eleger pelo seu círculo eleitoral como deputado por Malton, Burke, numa tentativa de singrar por mérito próprio e com mais independência, arrisca aceitar a proposta de representar os comerciantes de Bristol e faz-se eleger por mérito próprio por este círculo, em 11 de outubro de 1774, declinando o cargo por Malton, sob o patrocínio de Rockingham. Na eleição seguinte, perdendo o seu lugar de deputado por Bristol, em 7 de dezembro de 1780, Burke é de novo eleito para um terceiro mandato, dessa vez por Malton no círculo eleitoral do líder dos *Whig*s. Burke representou Malton até sua saída do Parlamento, a seu pedido, em 1794[7].

Em março de 1782, Lord Rockingham tem uma passagem fugaz pelo cargo de primeiro-ministro, sucedendo a Lord North. Pouco tempo depois, Burke é nomeado *Paymaster-General of the Forces*, o único cargo governamental

---

7. Cf. F. P. Lock,(1998), *Edmund Burke* , Vol. I: 1730-1784, Oxford: Clarendon Press, p. 479.

que virá a desempenhar, indubitavelmente modesto para as suas capacidades, mas de acordo com o seu perfil de homem profundamente trabalhador, que devia o seu grande prestígio a essa competência, mas que se sabe que não fazia campanha a favor de si próprio. Infelizmente, o cargo de Lord Rokingham é de duração meteórica, já que este morre precocemente em julho desse mesmo ano, sendo substituído por Lord Shelburne. Burke resigna do cargo, mas voltará a ser convidado por Shelburne para a mesma função em abril do ano seguinte, numa passagem que também estava destinada a ser de curta duração já que, no final de abril, cai o governo de Shelburne. Todavia o fato de ter desempenhado o cargo apenas por escassos meses não impede Burke de apresentar uma importante reforma das despesas da casa real.

A sua longa e meritória carreira como deputado *Whig* tem, por certo, inúmeros aspectos de interesse, mas, como advertimos no início, apontaremos nesta nota introdutória apenas alguns dos acontecimentos que se destacaram especialmente na sua atividade política: a situação gerada pela aprovação do *Stamp Act* e todo o descontentamento dos colonos americanos que haveria de desembocar na guerra da independência das colônias americanas; a defesa dos católicos irlandeses vítimas das leis contra os católicos (*popery laws*), a impugnação (*impeachment*) de Warren Hastings, o primeiro governador-geral de Bengala acusado por um comitê liderado por Burke de levar a cabo uma administração tirânica da colônia, e, finalmente, a crítica à Revolução Francesa.

A crítica de Burke à Revolução Francesa foi, geralmente, mal recebida. De fato, os Tory, que admiraram profundamente as *Reflexões Sobre a Revolução na França [Reflections on the Revolution in France]*, não se atreviam a fazê-lo publicamente, já que o

– 19 –

texto provinha da pena do porta-voz do partido *Whig* que se lhes opôs no Parlamento durante quase três décadas; por seu turno, os *Whigs*, liderados à altura por Charles James Fox, estavam do lado da Revolução Francesa que Burke tinha acabado de demolir com o seu panfleto de crítica.

Assim, o período final da sua vida foi particularmente duro para Burke. Retira-se do Parlamento a seu pedido, em junho de 1794, e mantém-se extremamente ativo, escrevendo sobre a Revolução Francesa com inexcedível lucidez. São lapidares exemplos da escrita desse período: *Appeal from the New to the Old Whigs, Letters on a Regicide Peace, Thoughts on French Affairs* e, sobre a sua querida Irlanda natal, *A Second Letter to Sir Hercules Langrishe*.

Toda a sua carreira política manifesta o seu empenho na defesa da dignidade humana e dos direitos humanos fundamentais, como o direito à vida, à liberdade e à proprie-dade, e uma firme defesa da tradição, dos direitos concretos adquiridos, e de uma política atenta à prática benevolente inserida, que tem em conta as circunstâncias concretas das populações envolvidas. Em consequência dessas opções, o perfil político da sua atuação denota uma recusa de todo e qualquer esquema de governo central e abstratamente desenhado e um empenho efetivo numa política que, seguindo princípios, é fundamentalmente uma política aplicada. Burke morre na sua propriedade, em Beaconsfield, em julho de 1797[8].

---

8. Para mais informações sobre o pensamento de Edmund Burke ver: MOREIRA, Ivone. *A Filosofia Política de Edmund Burke*. São Paulo: É Realizações, 2019. (N. E.)

# DA OBRA

A primeira edição de *Uma defesa da sociedade natural: ou uma visão das misérias e males que surgem na humanidade vindos de todas as espécies da sociedade artificial*, em maio de 1756, é publicada anonimamente e surge no rescaldo da publicação póstuma da obra de Lord Bolingbroke, Henry St. John, que viveu entre 1678 e 1751, obra essa que tinha sido editada por David Mallet. As obras manuscritas de Bolingbroke circularam primeiro entre os seus amigos e é apenas após a sua morte que David Mallet começa a publicá-las. O texto de Burke visava principalmente a uma obra de Bolingbroke publicada primeiro em 1752: *Letters on the Study and Use of History* e reimpressa por Mallet em 1754, em pomposa edição.

Apesar de Burke ter sido educado por um Dissidente, o Quaker Abraham Shackleton, e de ter mantido durante toda a sua vida grande tolerância para com os Dissidentes moderados, vê os Deístas, entre os quais inclui Lord Bolingbroke, com alguma suspeição. O ataque de Bolingbroke à religião mereceu mesmo da parte de Montesquieu, autor que Burke apreciava, o comentário de que uma religião tão depurada de preconceitos destrutivos, como era a religião revelada na Inglaterra, não se compreendia como Bolingbroke tinha escolhido atacá-la assim.

O tema da *Uma defesa da sociedade natural* é, então, uma variação da crítica de Lord Bolingbroke à religião estabelecida, e o estilo replicava tão bem o deste autor que, a juntar ao fato de ter sido publicada anonimamente e de fazer constar no seu título a referência de que seria uma publicação de um nobre escritor, foi tomada por mais uma obra póstuma de Bolingbroke. Usando a ironia, Burke aplica à crítica à sociedade estabelecida os princípios que serviram o conhecido autor para atacar a religião revelada, elogiando Burke em sua referida obra a sociedade "natural", mostrando assim como o deísmo de Henry St. John era perigoso e como a possibilidadee de replicar o tipo de argumentação desenvolvida nas obras de Boligbroke aplicando-a não à religião, mas à estrutura da sociedade política, levaria à instabilidade política e à destruição da sociedade tal como era conhecida. *Uma defesa da sociedade natural* sai do anonimato e Burke assume o seu propósito satírico no prefácio à edição seguinte da obra, em 1757[9].

*Uma defesa da sociedade natural* foi, por vezes, lida como veiculando as primeiras convicções políticas de Burke. Não é alheio a esse equívoco uma primeira interpretação feita por Sir John Morley, em 1879, em *The English Men of Letters* que situa este prefácio em 1765 – em vésperas da entrada de Burke na vida política –, o fato é que Thomas Copeland provou que o prefácio esclarecedor pertence à segunda edição publicada em 1757[10]. Morley atribui este esclarecimento também à segunda edição, mas, erradamente, situa-a em 1765; a partir desse equívoco, Morley sugere que a correção presente no prefácio da edição de 1765 tendia a retificar as primeiras convicções do autor expressas na primeira edição e que seria a sua entrada na vida política que tinha determinado a necessidade de Burke se justificar. Deve dizer-se, em abono da interpretação de Morley, que ele próprio cita uma interpelação de Boswell a Johnson[11] em que este inquiria se uma publicação de juventude de um seu amigo, referindo-se a Burke, não prejudicaria a sua carreira, ao que Johnson teria

---

9. Prefácio esse que está publicado também nessa edição do Clube Ludovico. (N. E.)

10. Thomas Copeland (1938) "Burke's Vindication of a Natural Society" in *Transitions of the Bibliographical Society*, second series, 18, in *The Library, (Ed.)* F. C. Francis, New York: Oxford University Press, p. 461-462.

11. A este propósito veja-se: John Morley, (s. d.) *The English Men of Letters, Burke, Macaulay, Fielding*, New York: Harper and Brothers Publishers, p. 13.

respondido que acreditava que não, que esta poderia apenas ser eventualmente mencionada em alguma eleição.

A interpretação de Morley no século XIX encetou uma linha de pensamento que ainda hoje persiste, já que, mesmo na contemporaneidade, surgem comentadores como os que identificam Frank Pagano[12], que continuam a sustentar que esta publicação de Burke poderá corresponder a uma incursão sua no pensamento radical, correspondendo a uma fase de juventude em claro confronto com o seu pensamento posterior.

Mas a verdade é que no prefácio à segunda edição, cuja datação de 1757 está totalmente esclarecida por investigação editorial, Burke, para além de explicar a intenção irônica do escrito, expõe claramente ideias em perfeita consonância com o seu pensamento posterior. É neste primeiro prefácio[13] que aparece uma importante referência ao que ele entende por verdadeira filosofia, quando aponta o que se deveria esperar dos trabalhos de Bolingbroke; e é onde também aparece a sua invectiva contra o que chama, pejorativamente, de "metafísica", numa utilização da noção grega de *Ta Metá Ta Physiká*, aplicada, todavia, ao que não pode ser objeto de comprovação experimental, identificando Burke a abordagem "metafísica" como inadequada ao tratamento de temas como a política, que o nosso autor julgava ser uma "ciência" experimental por excelência. Essa posição de recusa da metafísica como recurso aplicável à política manter-se-á durante toda a sua vida e em toda a sua produção intelectual até à crítica à Revolução Francesa no final da vida.

---

12. Cf. Frank Pagano (1982), Introduction to Edmund Burke, *A Vindication of a Natural Society, or a View of the Miseries and Evils Arising to Mankind fom Every Species of Artificial Society,* In a Letter to Lord \*\*\* by a Late Noble Writer, Indianapolis: Liberty Fund, nota 7, p. XVI.

13. Lembrando que a primeira edição da obra não teve prefácio algum. (N. E.)

Uma vez que a antinomia explorada na sátira presente em *Uma defesa da sociedade natural* é entre sociedade natural e sociedade artificial, no sentido de civilizada, não podemos esquecer, ou excluir, outro interlocutor de Burke neste seu escrito. De fato, a referida obra não consiste apenas na crítica às ideias de Bolingbroke, ela é também um ataque à filosofia de Rousseau, e assim tem sido vista por muitos estudiosos de Burke. Substantivamente, a *Uma defesa da sociedade natural* revela-se ainda mais profícua na crítica a Rousseau do que na sátira a Bolingbroke, já que Rousseau teve uma presença mais vigorosa na sociedade do século XVIII e dos séculos que se seguiram do que alguma vez a teve Bolingbroke, de quem o próprio Burke afirmou nas *Reflexões Sobre a Revolução na França*: "Quem é que agora lê Bolingbroke? Quem é que alguma vez o leu por inteiro?"[14]

Vários estudiosos importantes de Burke e do texto da *Uma defesa da sociedade natural* viram-no como um escrito de crítica a Rousseau: *Sir* Leslie Stephen refere-se a Burke nos seguintes termos: "a sua publicação inicial era dirigida contra ensinamentos idênticos aos de Rousseau"[15]. Também Fossey Hearnshaw refere que, com a irônica *Uma defesa da sociedade natural,* Burke mostrava conhecer igualmente quer os princípios reacionários de Bolingbroke, quer as especulações de Rousseau e manifestava que, mesmo na juventude, Burke se revelava um defensor acérrimo e competente da sociedade

---

14. "Who now reads Bolingbroke? Who ever read him through?" Edmund Burke (1865), *Reflexions on the Revolution in France, The Works of the Right Honorable Edmund Burke*, III, Revised Edition, Boston: Little, Brown, and Company, p. 349.

15. "His first political publication was directed against a teaching identical with that of Rousseau" Leslie Stephen (1876), 1962, *The History of English Thought in Eighteen Century*, Vol. II, New York & Burlingame, A Harbinger Book, p. 189.

civilizada contra todos os ataques: aqueles que, como os de Bolingbroke, punham em causa os seus atuais esteios, e aqueles que, como os de Rousseau, queriam pôr em causa os seus fundamentos originais[16].

Também o historiador Carl B. Cone menciona que, a partir das notas presentes no diário de Burke se poderia deduzir que, perante o *Discours sur l'origine et les fondements de l'inégalité parmi les hommes*, e a publicação das obras de Bolingbroke, Burke se tinha sentido obrigado a contra-argumentar e que essa tinha sido a origem da *Uma defesa da sociedade natural*[17].

Mais tarde, um clássico e incontornável comentador, Peter Stanlis, em *Burke and the Sensibility of Rousseau*, publicado pela primeira vez em 1961, afirma que, claramente, a *Uma defesa da sociedade natural* é mais do que a crítica ao racionalismo cartesiano ou ao deísmo de Bolingbroke, já que nela também está presente uma crítica aos temas dos dois discursos de Rousseau, o *Discours sur les sciences et les arts*[18],

---

16. "His ironical Vindication of Natural Society, issued anonymously in 1756, displays so complete and so contemptuous an acquaintance with both the reactionary principles of Bolingbroke, and the revolutionary speculations of Rousseau as to indicate that even at that early date Burke stood fully equipped as a champion to defend civilised society against either those who would stop its steady advance, or those who would stampede it into a reckless abandonment of its base" Fossey Hearnshaw (1931), *The Social & Political Ideas of Some Representative Thinkers of the Revolutionary Era*, New York, Barnes and Noble, p. 73.

17. "In 1754, (*sic*) Rousseau's *Discourse on Inequality* came forth, along with the collected works of Bolingbroke. Burke felt impelled to counterattack. The jottings in his private notebook indicate the tendency of his thinking; now he organized his thoughts and published them in May, 1756, as a *Vindication of a Natural Society*". Carl B. Cone (1957), *Burke and the Nature of Politics, The age of American Revolution*, USA, University of Kentucky Press, p. 22.

18. No Brasil encontramos a seguinte edição: ROUSSEAU, Jean-Jacques. *Discurso Sobre as Ciências e as Artes*. São Paulo: Edipro, 2018. (N. E.)

publicado em 1750, o *Discours sur l'origine et les fondements de l'inégalité parmi les hommes*[19], publicado em 1755[20].

Em comentadores contemporâneos, encontramos a mesma opinião em Frederick Peter Lock, que afirma que dificilmente Burke poderia ter escrito um panegírico irônico sobre o "estado de natureza" sem ler o *Discours sur l'origine de l'inégalité...* de 1755 de Rousseau, e que bem podemos ler a apologia dos paradoxos na *Uma defesa da sociedade natural* como uma pantomina de Rousseau[21].

De fato, o louvor da vida simples e a recorrente nostalgia de Rousseau relativamente a uma origem cândida e impoluta do caráter humano apenas corrompido, depois, pela sociedade, constituíam um ataque à presente sociedade e requereriam ser

---

19. No Brasil encontramos a seguinte edição: ROUSSEAU, Jean-Jacques. *A origem da desigualdade entre os homens*. São Paulo: Penguin-Companhia, 2017. (N. E.)

20. "Clearly, there is much more in Burke's *A Vindication of a Natural Society* than his satire on Bolingbroke's Cartesian rationalism and religious deism. His satire also includes a strong attack on the themes in Rousseau's *A Discourse on the Arts and Sciences* (1759), and *A Discourse on the Origins of Inequality* (1755). In these works Rousseau had established his reputation as a brilliant writer of paradoxes and an advocate of the virtues of the simple life close to nature, by describing the supposed origins of historically developed civil society out of a pre-civil state of nature that had evolved into primitive or simple natural society, and finally into complex and hierarchical civil society, through a supposed social Contrat". Stanlis refere ainda que este assunto teria ficado esclarecido em dois excelentes artigos de Richard Sewall: *Rousseau's First Discourse in England* (1937) e *Rousseau's Second Discourse in England from 1755 to 1763* (1938), Peter Stanlis, em "Burke and the Sensibility of Rousseau" in: *Burke, the Enlightenment and the Revolution*, USA and UK, Transaction Publishers, 1991, p. 166.

21. "In 1756, Burke could hardly have written an ironic panegyric on the 'state of nature' without glancing at Rousseau's Discours sur l'origine de l'inégalité (1755). The construction of an outrageously paradoxical argument in favour of an obvious absurdity parodies Rousseau", F. P. Lock (1998), *Edmund Burke, Volume I, 1730-1784,* Oxford: Clarendon Press, p. 87.

desmascarados na sua fantasia e na sua perigosidade. Problema para o qual Burke nos alerta no *Annual Register*[22] para o ano 1759, publicado pela primeira vez na primavera de 1760:

> Nenhum dos escritores atuais tem mais talento e conhecimento do que Rousseau; no entanto, tem sido infelicidade, sua e do mundo, que aquelas suas obras que fizeram o maior furor e adquiriram para o seu autor a mais alta reputação tenham sido de pouca utilidade ou emolumento para a humanidade [...]. Uma sátira à sociedade civilizada, uma sátira ao conhecimento, pode ser um divertimento tolerável para um temperamento engenhoso; mas, se levada por diante, não pode fazer mais (e isso certamente já é demais) do que abalar as nossas noções de certo e errado, e levar gradualmente ao ceticismo universal[23].

---

22. A utilização de materiais do *Annual Register* levanta um sério problema de fiabilidade acadêmica, já que, como mencionado antes nesta introdução, se trata de materiais não assinados, todavia tem sido muito estudada a contribuição de Burke para esta publicação e o texto que estamos a usar aqui, com a salvaguarda de que é um texto não assinado, pertence ao intervalo de confiança que estudiosos como F. P. Lock e Thomas Copeland endossam, já que terá sido publicado pela primeira vez em 1760.

23. "None of the present writers have a greater share of talents and learning than Rousseau; yet it has been his misfortune and that of the world, that those of his works which have made the greatest noise, and acquired to their author the highest reputation have been of little real use or emolument to mankind [...]. A satire upon civilized society a satire upon learning, may make a tolerable sport for an ingenious fancy; but if carried farther it can do no more (and that in such a way is surely too much) than to unsettle our notions of right and wrong, and lead by degrees to universal scepticism". *The Annual Register or a View of the History, Politicks, and Literature For the Year 1759*, The fifth edition, London: J. Dodsley, 1769, p. 479.

O comentário é sobreponível ao que faz a Bolingbroke no prefácio de 1757, onde lamenta que as expectativas de ver a moralidade reforçada se tinham visto frustradas pelos escritos deste autor, e também lamenta que a doutrina que rebaixava a natureza humana em nada contribuísse para a sua geral elevação.

Ao longo de toda *Uma defesa da sociedade natural*, Burke demonstra que a religião é fundamento da sociedade política e que o ataque à religião redundará num ataque à sociedade política. Por se tratar de um texto irônico, Burke afirma que ambas se verão purificadas pelo "fogo da verdade" quando se expuserem os seus defeitos. Sendo esta uma obra que, julgo, se deve ler em espelho, o que Burke tem por objetivo demonstrar é, através da clara vinculação entre sociedade política e religião, sublinhar o oposto, isto é, que derrubar a religião, nas suas formas culturais estabelecidas, será provocar a derrocada da própria sociedade política, tal como a conhecemos. Está esclarecida essa questão no prefácio à edição de 1757, numa afirmação que constitui um dos testemunhos mais antigos da coerência de Burke:

> O objetivo [da *Uma defesa da sociedade natural*] era mostrar que, sem um grande esforço, os mesmos mecanismos que foram empregues com sucesso para a destruição da religião, podem ser empregues com igual sucesso na subversão dos governos; e que é possível usar argumentos capciosos contra aquelas coisas que os que duvidam de tudo o resto, nunca permitiriam que se questionassem[24].

___

24. "The design was, to show that, without the Exertion of any considerable forces, the same engines which were employed for the destruction of religion, might be employed with equal success for the subversion of government; and

De fato, a sua crítica ao tratamento abstrato do objeto político apresenta um padrão de constância que se inicia justamente com a publicação do prefácio de 1757 à *Uma defesa da sociedade natural*, que aparece depois em várias batalhas políticas, mesmo na posição tomada durante o conflito com as colônias americanas, para, finalmente, ter o seu ponto mais alto nos seus escritos contra a Revolução Francesa.

A diferença fundamental entre a análise da sociedade política que é feita na *Uma defesa da sociedade natural* e a que Burke faz depois noutros textos políticos reside na inversão do princípio e, por essa razão, referi acima que julgo que o texto deve ser lido em espelho: tudo o que Burke preza em seus escritos posteriores é apresentado nesta obra como degradado e vicioso pela adoção de princípios utópicos, de acordo com os pressupostos, quer de Bolingbroke, quer de Rousseau, para quem a origem da sociedade civil e da religião, por serem artificiais, seriam ilegítimas e prejudiciais.

Alguns comentadores contemporâneos, como alerta Frank Pagano, julgam que Burke é incoerente e veriam no entusiasmo manifestado na *Uma defesa da sociedade natural,* no elogio da sociedade natural, um convite a pensar que o autor estava a veicular as suas próprias opiniões. Perdoem-me esses respeitados autores, mas gostaria apenas de recordar que, em primeiro lugar, o prefácio esclarecedor da intenção satírica foi publicado no ano imediato à primeira edição, mesmo para um

---

that specious arguments might be used against those things which they, who doubt of everything else, will never permit to be questioned". Edmund Burke, (1865), *A Vindication of a Natural Society: or a View of the Miseries and Evils Arising to Mankind from Every Species of Artificial Society in a Letter to Lord *** by a Late Noble Writer, The Works of the Right Honorable Edmund Burke*, I, Revised Edition, Boston: Little, Brown, and Company, p. 4-5.

autor incoerente, mudar de ideia escassos meses depois não era uma manobra muito inteligente já que, por certo, arrasaria a sua credibilidade, e, se há defeito que não se pode imputar a Burke, é a falta de lucidez; gostaria ainda de recordar que o autor foi treinado como advogado – embora sem nunca ter exercido – e que Burke foi um grande amante e praticante do teatro, durante a sua passagem pelo Trinity College e, finalmente, recordar que, desde cedo, ele foi considerado um mestre de oratória.

Desfrutemos, pois, deste magnífico texto na bela língua de Camões, pela pena criteriosa e abordagem científica segura da Doutora Roberta Sartori. Como sempre, são livres os leitores de percorrerem seus próprios caminhos aproximando-se ou afastando-se das nossas propostas e das propostas de Burke. São também livres de pensarem o que quiserem da coerência ou incoerência de Burke. Se me é permitido, sugiro, todavia, que nunca percam de vista que a mera inclinação que podem sentir devem questioná-la, fundamentá-la e complementá-la com muito mais literatura de e sobre o autor, porque, para-fraseando Shakespeare, há sempre mais coisas entre o céu e a terra do que supõe nossa vã filosofia.

Lisboa, 8 de agosto de 2022

*Ivone Moreira*

# PREFÁCIO À SEGUNDA EDIÇÃO DE 1757

# PREFÁCIO À SEGUNDA EDIÇÃO DE 1757[25]

### EDMUND BURKE

Antes do aparecimento das obras filosóficas de Lord Bolingbroke (1678-1751), esperavam-se grandes coisas do ócio de um homem, o qual havia se retirado do seu esplêndido ambiente, onde seus talentos o haviam permitido fazer de si mesmo uma figura extremamente notável, para empregar esses talentos na investigação da verdade. A filosofia começou, então, a parabenizar-se por conseguir fazer esse prosélito do mundo dos negócios, e esperava ter estendido seu poder sob a égide de tal líder. Em meio a essas

---

25. Este prefácio originalmente se encontra na 2ª edição do *Vindication of Natural Society: or, a View of the Miseries and Evils arising to Mankind from every Species of Artifical Society. In a Letter to Lord \*\*\**, de 1757. Trata-se de um prefácio acrescentado por Edmund Burke à edição de 1756 a fim de esclarecer o tom sarcástico de sua crítica a Henry St John – mais conhecido como o 1º Visconde de Bolingbroke ou Lord Bolingbroke –, bem como para tirar o próprio autor da obra do anonimato no qual foi inicialmente envolto. (N. E.)

expectativas agradáveis, as obras propriamente ditas, finalmente, apareceram, *completas* e com grande pompa. Aqueles que buscavam nelas novas descobertas sobre os mistérios da natureza; aqueles que esperavam algo que pudesse explicar ou dirigir os processos da razão; aqueles que esperavam ver a moralidade explicada e implementada; aqueles que buscavam novas contribuições para a sociedade e para o governo; aqueles que desejavam ver traçados os personagens e as paixões da humanidade; em suma, todos os que consideravam essas coisas como filosofia, e requerem, pelo menos, algumas delas em cada obra filosófica, todos esses ficaram certamente desapontados; eles encontraram os marcos da ciência exatamente em suas antigas posições: e pensaram ter recebido nada além de uma reles recompensa por esse desapontamento ao verem cada forma de religião atacada de uma maneira expressiva e o fundamento de toda virtude, e de todo governo, arruinado com grande arte e muita inventividade. Que proveito obtemos de tais escritos[26]? Que prazer pode um homem encontrar em empregar uma capacidade que poderia ser utilmente aplicada aos mais nobres propósitos, em uma espécie de trabalho sombrio, no qual, se o autor pudesse ser bem-sucedido, ele fica obrigado a admitir que nada poderia ser mais fatal para a humanidade do que o seu sucesso?

Não consigo conceber como esse tipo de escritores se propõe a reunir os projetos que fingem ter em mente, valendo-se dos instrumentos que empregam. Eles fingem exaltar a mente do homem ao provarem que ele não é melhor do que uma fera? Eles pensam impor a prática da virtude negando que o vício e

---

26. Ver introdução à edição brasileira para entender o contexto da crítica de Edmund Burke nesse prefácio. (N. E.)

a virtude sejam distinguidos pela boa ou má sorte aqui, ou pela felicidade ou infelicidade no futuro? Eles imaginam que irão aumentar nossa piedade e nossa confiança em Deus, destruindo sua providência e insistindo que ele não é justo nem bom? Essas são as doutrinas que, às vezes ocultas, às vezes expostas, e totalmente confessas, prevalecem em todos os escritos de Lord Bolingbroke; e esses são os raciocínios que esse nobre escritor e vários outros tiveram o prazer de dignificar com o nome de filosofia. Se eles são apresentados de maneira enganosa, e em um grau acima do usual, eles não podem querer um conjunto de admiradores com tanta docilidade quanto se possa desejar em discípulos. A esses dirige-se o editor da pequena obra que se segue: não há mais razão para encobrir o seu propósito.

O projeto era mostrar que, sem a aplicação de quaisquer forças consideráveis, os mesmos mecanismos que foram empregados para a destruição da religião poderiam ser empregados com igual sucesso para a subversão do governo; e que argumentos enganosos podem ser usados contra aquelas coisas que eles, que duvidam de tudo mais, nunca permitirão serem questionadas. É uma observação, eu acho, que Isócrates (436-388 a.C.) faz em um de seus discursos contra os sofistas, a de que é muito mais fácil manter uma causa errada e apoiar opiniões paradoxais para a satisfação de um auditório comum do que estabelecer uma verdade duvidosa a partir de argumentos sólidos e conclusivos. Quando os homens descobrem que algo pode ser dito em favor do que, na própria proposta, consideravam totalmente indefensável, eles passam a duvidar da sua própria razão; são lançados em uma espécie de agradável surpresa; alinham-se ao orador, encantados e cativados por encontrar uma tão abundante seara de racionalização, onde tudo parecia estéril e nada promissor. Esse é um país de fadas da filosofia. E, com muita frequência, acontece que essas boas impressões sobre a imaginação subsistem e produzem seu efeito, mesmo depois que o entendimento tenha sido convencido de sua natureza insubstancial. Há uma espécie de brilho sobre as falsidades engenhosas, que deslumbra a imaginação, mas que não pertence nem se torna o sóbrio aspecto da verdade. Deparei-me com uma citação nos relatos de Lord Coke (1552-1634) a qual muito me agradou, embora não saiba de onde ele a tenha tirado: *"Interdum fucata falsitas, [diz ele] in multis est probabilior, et sæpe rationibus vincit nudam veritatem"*[27]. Em tais casos, o escritor tem um certo fogo e vivacidade inspirados nele por uma consciência, lide com o assunto como quiser, sua engenhosidade terá certeza de aplausos. Sua ingenuidade está segura dos aplausos; e essa vivacidade torna-se muito maior se ele agir na ofensiva, pela impetuosidade que sempre acompanha um ataque, e pela infeliz propensão que a humanidade tem para encontrar e exagerar defeitos. O editor está convencido de que uma mente que não tenha um controle que seja fruto da percepção de sua própria fraqueza, de sua posição secundária na Criação e do extremo perigo de deixar a imaginação solta a respeito de alguns assuntos pode, muito provavelmente, atacar tudo o que há de mais excelente e venerável; de que não seria difícil criticar a própria Criação; e de que, se fôssemos examinar a tecitura divina a partir de nossas ideias referentes à razão e aptidão, e usar o mesmo método de ataque pelo qual alguns homens atacaram a religião revelada, poderíamos, com a mesma boa cor e com o mesmo sucesso, fazer a sabedoria e o poder de Deus, na sua própria Criação, não parecerem, para muitos, melhores do que a tolice. Há uma atmosfera de plausibilidade que acompanha os raciocínios e concepções comuns tirados do ultrapassado círculo da experiência

---

27. Em tradução livre: "Às vezes a falsidade é disfarçada [diz ele], em muitos aspectos é a mais provável, e muitas vezes por razões supera a verdade nua". (N. T.)

# PREFÁCIO À SEGUNDA EDIÇÃO DE 1757

comum, que é admiravelmente adequado às limitadas capacidades de alguns e à preguiça de outros. Mas essa vantagem é, em grande parte, perdida quando um estudo extenuante e abrangente de um assunto muito complicado, e que requer uma grande diversidade de considerações, deve ser feito; quando precisamos procurar em um assunto profundo, não só por argumentos, mas por novos conteúdos de discussão, seus parâmetros e seu método de sistematização; quando precisamos sair da esfera de nossas ideias habituais, e quando não podemos caminhar seguros a não ser que tenhamos consciência de nossa cegueira. E nós devemos fazer isso, ou estaremos fazendo nada, sempre que examinamos o resultado de um raciocínio que não é o nosso. Mesmo em questões que estão, por assim dizer, somente dentro do nosso alcance, o que seria do mundo se a prática de todos os deveres morais, e o tecido social, dependesse de ter suas razões claramente especificadas e demonstradas para cada indivíduo?

O editor sabe que o assunto dessa carta não é tratado de forma tão completa quanto obviamente poderia ser; não era seu projeto dizer tudo o que poderia ser dito. Seria imperdoável ocupar um grande volume com o abuso da razão; nem tal abuso teria sido tolerável mesmo por algumas páginas, se algum subenredo, de mais importância do que o aparente projeto, não tivesse sido levado adiante.

Algumas pessoas pensam que as vantagens do estado de natureza deveriam ter sido mais plenamente exibidas. Esse, sem dúvida, teria sido um assunto muito amplo para um discurso público; mas eles não consideram a natureza da obra. Os que escrevem contra a religião, embora se oponham a todos os sistemas, são sabiamente cautelosos em jamais instituir nenhum dos seus próprios sistemas. Se algumas imprecisões na avaliação, no raciocínio ou no método forem encontradas, talvez não sejam vistas como falhas pelos admiradores de Lord Bolingbroke; os quais irão, teme o editor, observar muito mais o caráter de Sua Senhoria em tais especificidades da carta que se segue do que eles gostariam de encontrar naquela rápida torrente de uma eloquência impetuosa e arrogante, e na multiplicidade de imagens ricas pelas quais aquele escritor é justamente admirado.

# UMA CARTA AO LORDE****
# UMA DEFESA DA SOCIEDADE NATURAL

# UMA CARTA AO LORDE \*\*\*\*
## – UMA DEFESA DA SOCIEDADE NATURAL

Eu deveria arriscar-me a dizer, meu senhor, que, em nossa última conversa, você estava inclinado ao partido que adotou mais pelos sentimentos de sua boa natureza do que pela convicção de seu julgamento? Nós expusemos os alicerces da sociedade; e você temia que a curiosidade desta busca pudesse colocar em perigo a ruína de todo o tecido social. Você prontamente teria admitido meu postulado, mas tinha pavor das consequências; você pensou que, uma vez tendo assumido esses argumentos, poderíamos ser levados, inconsciente e irresistivelmente, mais longe do que, em um primeiro momento, poderíamos ter imaginado ou desejado. Mas, de minha parte, meu senhor, eu então pensei, e ainda sou da mesma opinião, que o erro, e não a verdade de qualquer tipo, é perigoso; que más conclusões só podem fluir de falsas proposições; e que, para saber se qualquer proposição é verdadeira ou falsa, examiná-la por suas aparentes consequências é um método absurdo.

Essas foram as razões que me levaram a ir tão longe nesta investigação; e são as razões que me dirigem em todas as minhas investigações. Eu, aliás, muitas vezes, pensei sobre esse assunto antes que pudesse me persuadir a revelar minhas reflexões a alguém. Elas, no geral, eram bastante melancólicas; como geralmente são as que nos levam além da mera superfície das coisas; e que, sem dúvida, tornariam extremamente miserável a vida de todos os homens de pensamento se a mesma filosofia que causou o sofrimento não administrasse, ao mesmo tempo, o conforto.

Ao considerar as sociedades políticas, sua origem, sua constituição e seus efeitos, às vezes, tenho tido mais do que dúvidas se o criador, de fato, em algum momento, destinou o homem para um estado de felicidade. Ele misturou em seu cálice uma série de males naturais (apesar das jactâncias do estoicismo, eles são males), e cada esforço que a arte e a política da humanidade têm usado desde o início do mundo até hoje, a fim de aliviá-los, ou curá-los, apenas serviu para introduzir novas maldades, ou agravar e inflamar as velhas. Além disso, a mente do homem propriamente dita é um preceito muito dinâmico e desassossegado para, alguma vez, se fixar no verdadeiro ponto pacífico. Ela descobre, a cada dia, um intenso desejo em um corpo, que realmente deseja, mas pouco. Todos os dias, inventa alguma nova regra artificial para guiar essa natureza que, se deixada por si mesma, seria o melhor e mais seguro guia. Ela descobre seres imaginários que prescrevem leis imaginárias; e então, suscita terrores imaginários para sustentar uma crença nos seres e uma obediência às leis. Muitas coisas têm sido ditas, e muito bem, sem dúvida, sobre a sujeição em que devemos preservar nossos corpos ao governo do nosso entendimento; mas não foi dito o suficiente a respeito da restrição que as nossas necessidades corporais devem colocar sobre as sublimidades extravagantes, e o excêntrico vaguear de nossas mentes. O corpo, ou como alguns adoram chamá-lo, nossa natureza inferior, é mais sábio ao seu próprio e simples modo, e cuida dos seus próprios assuntos de forma mais direta do que a mente com toda sua alardeada sutileza.

Em estado de natureza, inquestionavelmente, a humanidade foi submetida a muitas e grandes inconveniências. Falta de união, falta de assistência mútua, falta de um árbitro comum a quem recorrer em suas diferenças. Esses eram males que eles poderiam não ter sentido, mas que, sim, sentiram muito severamente, em muitas ocasiões. Os filhos originais da terra viviam com seus irmãos de outras espécies em [uma condição de] muita igualdade. Sua dieta devia ser, quase inteiramente limitada, ao tipo vegetal; e a mesma árvore que, em seu estado de floração, produziu-lhes pequenos frutos, em sua decomposição, deu-lhes uma morada. Os desejos mútuos dos sexos unindo seus corpos e afeições, e os filhos, que eram os resultados dessas relações, introduziram pela primeira vez a noção de sociedade e ensinaram suas conveniências. Essa sociedade, fundada nos apetites naturais e instintos, e não em qualquer instituição positiva, chamarei *sociedade natural*. Até aqui a natureza foi, e teve êxito; mas o homem iria mais longe. O grande erro da nossa natureza é não saber onde parar, não ficar satisfeita com algum feito razoável; não se fundir com nossa condição; mas perder tudo o que ganhamos devido a uma insaciável busca por mais. O homem encontrou uma considerável vantagem nessa união de muitas pessoas para formar uma família; ele, portanto, julgou que encontraria sua parcela proporcional na união de muitas famílias em um corpo político. E dado que a natureza não formou nenhum vínculo de união para mantê-los juntos, ele [corpo político] solucionou esse defeito com *leis*.

Isso é a *sociedade política*. E daí se seguem as origens do que são geralmente chamados de Estados, sociedades civis ou governos; em alguma forma, mais extensa ou limitada, do qual toda a humanidade gradualmente caiu. E já que isso aconteceu dessa maneira, e que devemos uma reverência implícita a todas as instituições de nossos antepassados, devemos considerar essas instituições com toda a modéstia segundo a qual devemos nos conduzir ao examinar uma opinião preestabelecida; mas com toda liberdade e sinceridade que devemos à verdade onde quer que a encontremos, ou independentemente de como ela possa contradizer nossas próprias concepções ou se opor aos nossos próprios interesses. Existe um método de raciocínio mais absurdo e audacioso professado por alguns fanáticos e entusiastas e, por medo, sancionado por alguns homens mais sábios e melhores; é este. Eles argumentam contra uma discussão justa sobre os preconceitos populares, porque, dizem eles, embora se encontrassem sem qualquer apoio razoável, ainda assim a descoberta poderia produzir as mais perigosas consequências. Noção absurda e blasfema! Como se toda felicidade não estivesse ligada à prática da virtude, que necessariamente depende do conhecimento da verdade; isto é, do conhecimento daquelas relações inalteráveis que a providência ordenou que cada coisa deveria ter todas as outras. Essas relações, que são a própria verdade, o fundamento da virtude e, consequentemente, os únicos parâmetros de felicidade, deveriam ser igualmente os únicos parâmetros segundo os quais devemos dirigir nossa lógica. A esses deveríamos nos adequar seriamente; e não pensar em obrigar a natureza, e a toda a ordem de seu sistema, por uma conformidade com o nosso orgulho e insensatez, a se adequar com nossas normas artificiais. É pela conformação a esse método que devemos a descoberta das poucas verdades que conhecemos, e a pouca liberdade e felicidade racional de que desfrutamos. Temos algo mais justo do que um pensador anteriormente poderia esperar; e disso tiramos vantagens que são muito visíveis.

O fundamento da superstição nesta nossa era e nação sofreu abalos muito mais rudes do que jamais sentiu antes; e, através das fendas e brechas de nossa prisão, vemos esses vislumbres de luz e sentimos esses ares refrescantes de liberdade, de forma que diariamente aumenta nosso fervor por mais. As misérias oriundas da superstição para a humanidade, sob o nome de religião; e da tirania eclesiástica, sob o nome de governo da Igreja, foram expostas de maneira clara e proveitosa. Começamos a pensar e a agir unicamente a partir da razão e da natureza. Isso é verdade para muitos, mas ainda mais é, sem dúvida, a maioria que se encontra no mesmo velho estado de cegueira e de escravidão; e deve se temer muito que acabemos recaindo perpetuamente, enquanto a verdadeira causa que produz toda essa insensatez supersticiosa, bobagem entusiástica e tirania sagrada ocupa um lugar canônico na estima mesmo daqueles que são, além disso, iluminados.

O governo civil toma emprestada a força eclesiástica; e as leis artificiais recebem uma sanção de revelações artificiais. As ideias de religião e governo estão intimamente conectadas; e, enquanto recebermos o governo como algo necessário, ou mesmo útil ao nosso bem-estar, apesar de nós, atrairemos, como uma consequência necessária, embora indesejável, uma religião artificial de algum tipo ou de outro. Nesse sentido, as massas sempre serão escravas voluntárias; e, mesmo aqueles com um grau superior de entendimento, vez ou outra, irão involuntariamente sentir sua influência. É, portanto, da nossa mais profunda preocupação sermos corrigidos nesse aspecto; e ficarmos muito satisfeitos se o governo civil se mostrar esse protetor contra os males naturais, e esse cuidador e fomentador de benesses, como prometem as imaginações acolhedoras. Em uma discussão como essa, estou longe de propor sequer refletir acerca da nossa forma de governo mais sábia; não mais do que, nas partes mais livres de meus escritos filosóficos, eu pretendo fazer objeção à piedade, verdade e perfeição de nossa mais excelente Igreja. Ambos, acho razoável dizer, têm suas fundações na rocha. Nenhuma descoberta da verdade pode prejudicá-los. Pelo contrário, quão mais de perto se examinam as origens da religião e do governo, mais claramente suas Excelências devem parecer. Eles saem purificados do fogo. Minha questão não é com eles. Tendo entrado em protesto contra todas as objeções desses lugares, posso mais livremente inquirir da história e da experiência até que ponto a política contribuiu, em todas as épocas, para aliviar aqueles males que a providência, que talvez nos tenha projetado para um estado de imperfeição, impôs; até que ponto nossa capacidade física curou as desordens das quais somos feitos; ou se, pode não ter introduzido novas, curáveis talvez por nenhuma capacidade.

Ao examinar qualquer Estado para formar um julgamento a seu respeito; ele se apresenta sob duas perspectivas, a externa e a interna. A primeira é a relação que tem em termos de amizade ou inimizade com outros Estados. A segunda é a relação que suas partes componentes, o governante e o governado, têm uma para com a outra. A primeira parte da visão externa de todos os Estados, sua relação como amigos, tem um papel tão insignificante na história, que lamento muito em dizer, mas me oferece pouca matéria sobre a qual pormenorizadamente falar. Os bons serviços desempenhados por uma nação ao seu vizinho; o apoio prestado na perturbação pública; o alívio proporcionado na calamidade generalizada; a proteção concedida no perigo emergente; o mútuo retorno de bondade e civilidade ofereceriam um assunto muito amplo e muito agradável para a história. Mas, ai de mim! Toda a história de todas as épocas, envolvendo todas as nações, não fornece matéria suficiente para preencher dez páginas, embora devesse estendida pela amplificação de trefilação do próprio Guicciardini (1483-1540)[28]. O lado óbvio é o da inimizade. A guerra é a matéria que preenche toda a história e, consequentemente, a única, ou quase única, visão segundo a qual podemos ver que o exterior da sociedade política está em uma forma hostil; e as únicas ações, às quais sempre vimos, e ainda vemos todas elas se voltarem, são as que tendem à destruição umas das outras. A guerra, diz Maquiavel (1469-1527), deveria ser o único estudo de um príncipe; e, por príncipe, ele entende todo tipo de Estado independentemente de como tenha sido constituído. Ele deve, diz esse grande médico político, considerar a paz apenas como um tempo para respirar, o qual lhe dá ócio para planejar, e lhe fornece habilidade para executar planos militares. Uma meditação sobre a conduta das sociedades políticas fez o velho Hobbes (1588-1679) imaginar que a guerra era o estado de natureza; e, verdadeiramente, se um homem julgasse os indivíduos de nossa raça por sua conduta quando unidos e agrupados em

---

28. Francesco Guicciardini, historiador, diplomata e estadista florentino, de família aristocrática e contemporâneo de Maquiavel, considerado o "pai da historiografia moderna" e autor da mais importante história da Itália até então, a *Storia d'Italia*. *Enciclopédia Britannica online*. (N. R.)

nações e reinos, ele poderia imaginar que todo tipo de virtude era antinatural e estranho à mente do homem.

Os primeiros relatos que temos da humanidade não passam dos tantos relatos de suas carnificinas. Todos os impérios foram cimentados em sangue; e, naqueles períodos iniciais em que a raça humana primeiro começou a se formar em partidos e concentrações, o primeiro efeito da concentração, e, na verdade, o fim para o qual ela parece propositadamente formada, e mais bem calculada, é sua destruição mútua. Toda a história antiga é obscura e incerta. Uma coisa, porém, é clara. Havia, naqueles dias, conquistadores e conquistas; e, como consequência, toda aquela devastação, pela qual eles são formados, e toda aquela opressão pela qual são mantidos. Pouco sabemos sobre Sesóstris[29] (1920-1875 a.C.), apenas que ele liderou, para fora do Egito, um exército de mais de setecentos mil homens; que invadiu a Costa Mediterrânea até Cólquida[30]; que, em alguns lugares, encontrou resistência, mas pouca, e, é claro, que derramou pouco sangue; mas que, em outros, encontrou um povo que conhecia o valor de suas liberdades, e as vendia caro. Quem quer que considere o exército liderado por esse conquistador, o espaço que percorreu e a oposição que, com frequência, encontrou, as catástrofes naturais da doença e a escassez e má qualidade das provisões a que ele deve ter sido submetido na variedade de climas e países

---

29. Sesóstris I, segundo faraó da XII Dinastia do Egito antigo, reinou de 1908 a 1875 a.C. Durante seu governo, houve a conquista da Núbia, ao sul do Egito. *Enciclopédia Britannica online.* (N. R.)

30. Cólquida, antiga região no leste do Mar Negro, ao sul do Cáucaso, na parte ocidental da moderna Geórgia. Consistia no vale do Rio Phasis (atual Rio Rioni). Na mitologia grega, era o lar de Medeia e o destino dos Argonautas. *Enciclopédia Britannica online.* (N. R.)

ao longo de sua marcha, se ele sabe alguma coisa, ele deve saber que inclusive o próprio exército do conquistador deve ter sofrido significativamente; e que, desse imenso número, apenas uma parte muito pequena poderia ter conseguido retornar para desfrutar da pilhagem acumulada tanto pela perda de tantos de seus companheiros quanto pela devastação de uma parte tão considerável do mundo. Considerando, eu diria, o vasto exército liderado por esse conquistador, cujo tão grande peso era quase o suficiente para desgastar sua força, não será exagero supor que metade se perdeu na expedição. Se essa era a situação dos vitoriosos, e dadas as circunstâncias, deve ter sido, no mínimo, essa mesma; os vencidos devem ter tido uma perda muito mais pesada, afinal, a maior matança ocorre sempre na fuga, e a grande carnificina, naqueles momentos e países, esteve, de fato, presente na primeira devastação da conquista. Será, portanto, muito razoável colocar em sua conta, somando-se às perdas do Conquistador, algo que pode chegar a um milhão de mortes, e então veremos, nesse conquistador, o mais antigo que temos nos registros da história (embora, como já observamos, a cronologia desses tempos remotos seja extremamente incerta), abrindo a cena com uma destruição de, pelo menos, um milhão daqueles de sua espécie, sem qualquer provocação, a não ser por ambição, sem quaisquer motivos além de orgulho, crueldade e loucura, e sem qualquer benefício para si mesmo (pois, nos diz Justino[31] expressamente, ele não manteve suas conquistas), mas apenas para fazer

---

31. Justino (final do século II, início do III): em latim, Marcus Junianus Justinus Frontinus, historiador romano de datação incerta. Nascido na Gália Narbonense, pouco se sabe de sua história pessoal além do fato de ele ter sido o autor do *Epítome*, espécie de resumo das *Histórias Filipinas* de Pompeu Trogus (século I a.C.).

com que tantas pessoas, em países tão distantes, sintam, por experiência, quão severo é o flagelo que a providência destina para a raça humana quando ela dá a um homem o poder sobre muitos e arma sua naturalmente impotente e fraca fúria com as mãos de milhões, que não conhecem nenhum princípio de ação comum, apenas uma obediência cega às paixões de seu governante.

O próximo personagem que aparece nas tragédias desse antigo teatro é Semíramis[32]: não temos detalhes sobre Ninrode[33], a não ser que ele realizou conquistas imensas e

---

32. Semíramis: foi uma lendária rainha da Assíria e fundadora da Babilônia, conhecida de fontes gregas, armênias e judaicas. Lendas que descrevem Semíramis foram registradas por cerca de 80 escritores antigos, incluindo Plutarco, Eusébio de Cesareia, Polieno, Valério Máximo, Paulo Orósio e Justino.

Outra versão informa que se trata de Sammu-Ramat, em grego Semiramis, rainha assíria do século IX a.C., mãe do rei Adad-Nirari III (810 a 783 a.C.). Sua estela foi encontrada em Ashur, e em uma inscrição em Calah (Nimrūd) mostra que ela herdou o poder de seu marido, Shamshi-Adad V (823-811 a.C.). Foi mencionada por Heródoto, e o historiador posterior Diodorus Siculus elaborou toda uma lenda sobre ela. Segundo ele, ela nasceu de uma deusa e, depois de se casar com um oficial assírio, cativou o rei Ninus, o lendário fundador de Nínive e primeiro rei da Assíria, por sua beleza e valor e se tornou sua esposa. Logo depois, quando Ninus morreu, Sammu-Ramat assumiu o poder e reinou por longo período, quando construiu a Babilônia e dedicou-se à conquista de terras distantes. *Enciclopédia Britannica online.* (N. R.)

33. Ninrode: é um personagem poderoso, filho de Cuxe e Semíramis, neto de Cam e bisneto de Noé, descrito como o primeiro na terra.

Outra versão dá conta que Ninrode, ou Nimrod, figura bíblica do livro do Gênesis 10:8-12, descrito como "um poderoso caçador diante do Senhor", filho de Cuxe, neto de Cam e bisneto de Noé, mas sem relação com a Semíramis histórica, muito posterior. Outras referências a ele na Bíblia são Miqueias 5:6, onde a Assíria é chamada de terra de Ninrode, e I Crônicas 1:10, que reitera seu poder. O início de seu reino é descrito em Gênesis como Babel, Erech e Akkad na terra de Shinar. Diz-se que Nimrod construiu Nínive, Calah (moderna Nimrūd), Rehoboth-Ir e Resen. *Enciclopédia Britannica online.* (N. R.)

rápidas, as quais, sem dúvida, não ocorreram sem a usual carnificina. Vemos um exército com mais de três milhões a serviço dessa rainha belicosa, em uma guerra contra os nativos. Vemos os nativos armando um exército ainda maior; e contemplamos uma guerra que prosseguiu com muita fúria e com vários sucessos. Isso termina com a rainha retirando-se com apenas um terço das tropas usadas na expedição; uma expedição que, nesse ritmo, deve ter custado dois milhões de almas da parte dela; e não é irracional julgar que o país que foi o palco da guerra deve ter sofrido tanto quanto. Mas estou contente em diminuir isso e supor que os nativos perderam apenas metade desse número; e, então, a narrativa fica assim: somente nesta guerra (pois Semíramis esteve em outras guerras), neste único reinado e neste único ponto do globo, três milhões de almas morreram, com todas as horríveis e chocantes circunstâncias que acompanham todas as guerras, e em uma disputa na qual nenhuma das vítimas poderia ter o menor interesse racional.

As monarquias babilônicas, assírias, medianas e persas devem ter derramado mares de sangue em sua formação e em sua destruição. Os exércitos e frotas de Xerxes (519-466 a.C.), seus números, a gloriosa resistência feita contra eles e o infeliz evento de todos os seus poderosos preparativos são conhecidos por todos. Nessa expedição, que drenou metade da Ásia de seus habitantes, ele liderou um exército de cerca de dois milhões para ser massacrado, e desperdiçado, por mil acidentes fatais, no mesmo lugar onde seus predecessores, antes, por uma loucura semelhante, haviam consumido a flor de muitos reinos, e desperdiçou a força de um império tão extenso. É um cálculo grosseiro dizer que o Império Persa, em suas guerras contra os gregos e os citas, jogou fora pelo menos quatro milhões de seus súditos, para não falar de suas outras guerras e das perdas sofridas nelas. Essas foram suas perdas no exterior; mas a guerra foi trazida para eles, em casa, primeiro por Agesilau[34] (444-360 a.C.) e depois por Alexandre (356-323 a.C.). Não tenho, neste retiro, os livros necessários para fazer cálculos mais exatos; nem é necessário dar mais do que dicas à erudição de Vossa Senhoria. Você vai se lembrar de sua série ininterrupta de sucesso. Vai considerar rapidamente suas batalhas. Trazer à mente a carnificina que foi feita. Passará os olhos sobre o todo e concordará comigo; que, para formar esse herói, nada menos que duzentas mil vidas devem ter sido sacrificadas; mas, assim que ele próprio se tornou um sacrifício para os seus vícios, mil brechas foram abertas para a ruína entrar e darem o toque final a essa cena de miséria e destruição. O reino dele foi despedaçado e dividido; o que serviu para empregar as partes mais distintas a fim de dilacerar umas às outras e enterrar o todo em sangue e massacre. Os reis da Síria e do Egito, os reis de Pérgamo e da Macedônia, sem interrupção, foram objeto de preocupação entre si por mais de duzentos anos; até que, por fim, uma forte potência, surgindo no Ocidente, avançou sobre eles e silenciou seus tumultos, envolvendo todas as partes em conflito na mesma destruição. É dizer o mínimo quando se afirma que as contendas entre os sucessores de Alexandre despovoaram aquela parte do mundo em pelo menos dois milhões.

---

34. Agesilau II, rei de Esparta de 399 a 360. Comandou o exército espartano durante a maior parte do período de supremacia espartana (404-371) na Grécia. Grande estrategista militar, é geralmente citado como a personificação do espírito espartano agressivo que buscava promover os interesses espartanos à custa da unidade helênica. *Enciclopédia Britannica online*. (N. R.)

A luta entre macedônios e gregos e, antes disso, as disputas das repúblicas gregas entre si, por uma superioridade inútil, formam uma das cenas mais sangrentas da história. É surpreendente como um local tão pequeno poderia fornecer homens suficientes para sacrificar à lamentável ambição de possuir mais cinco ou seis mil acres, ou mais duas ou três aldeias: resta ainda ver a amargura e o rancor com que isso foi disputado entre os atenienses e lacedemônios[35]; o que os exércitos exterminaram; que frotas afundaram e queimaram; que número de cidades saquearam, e cujos habitantes massacraram e tomaram como cativos; alguém seria levado a acreditar que a decisão sobre o destino da humanidade, pelo menos, dependia disso! Mas essas disputas terminaram como todas as outras já terminaram e sempre terminarão; em uma verdadeira fraqueza de todas as partes; uma sombra momentânea e um sonho de poder em alguém; e a sujeição de todos ao jugo de um estranho que sabe como tirar proveito de suas divisões.

Esse foi, pelo menos, o caso dos gregos; e, certamente, desde os primeiros relatos a seu respeito, até sua absorção no Império Romano, não podemos determinar que suas divisões intestinais[36] e suas guerras estrangeiras tenham consumido menos que três milhões de seus habitantes.

---

35. Lacedemônio: relativo à Lacedemônia, também dita Lacônia ou Esparta, na Grécia antiga, ou o seu natural ou habitante.

Lacedemônia, ou Laconia, unidade regional e região histórica e administrativa da parte sudeste do Peloponeso, sul da Grécia. (N. R.)

36. Segundo o dicionário *American Heritage*, o termo "intestinal" é usado, nesses contextos, para se referir a aspectos internos, civis, como mostra o exemplo: "os assuntos intestinais da nação". (N. T.)

Que Aceldama[37], que campo de sangue foi a Sicília nos tempos antigos, enquanto o seu modo de governo era controvertido entre os partidos republicanos e despóticos, e a posse disputada entre os nativos, gregos, cartagineses e romanos, Vossa Senhoria se recordará facilmente. Você se lembrará da destruição total de tais corpos como um exército de trezentos mil homens. Você encontrará cada página de sua história tingida de sangue, e manchada e desconcertada por tumultos, rebeliões, massacres, assassinatos, proscrições e uma série de horrores para além das histórias de, talvez, qualquer outra nação do mundo; embora as histórias de todas as nações sejam constituídas de matéria semelhante. Mais uma vez, peço desculpas quanto à exatidão por falta de livros. Mas devo estimar os massacres nessa ilha em dois milhões; o que Vossa Senhoria achará muito aquém da realidade.

Passemos pelas guerras, e por suas consequências, que devastaram a Grécia-Magna antes que o poder romano prevalecesse naquela parte da Itália. Eles, talvez, sejam exagerados; portanto, vou classificá-los em um milhão apenas. Apressemo-nos a abrir aquela grande cena que funda o Império Romano e gera a grande catástrofe do drama antigo. Esse império, ainda em sua infância, começou por um derramamento de sangue humano praticamente inacreditável. Os pequenos Estados vizinhos

---

37. Aceldama: Aceldama ou Akeldama é o nome aramaico para um lugar em Jerusalém comprado pelos principais sacerdotes com o dinheiro que Judas Iscariotes, o traidor, um dos discípulos de Jesus, devolveu com arrependimento, pois foi por esse mesmo dinheiro que traiu Jesus. Em aramaico *hagel dema* significa "campo de sangue". (N. E.)

ansiava por uma nova destruição: os sabinos[38], os samnitas[39], os équos[40], os volscos[41], os etruscos[42] foram devastados por uma série de chacinas que não tiveram interrupção por algumas centenas de anos; massacres que, por todos os lados, consumiram mais de dois milhões de miseráveis. Os gauleses, ao invadirem a Itália nessa época, somaram à destruição total de seus próprios exércitos à dos antigos habitantes. Em suma, seria quase impossível conceber um quadro mais horrendo e sangrento se aquele das Guerras Púnicas[43], que se seguiram logo depois, não o excedesse em muito. Aqui encontramos o auge de devastação e de ruína,

---

38. Sabinos: antiga tribo itálica cuja área de ocupação se concentrava nas montanhas a leste do Tibre. Suas crenças e práticas religiosas influenciaram as práticas romanas. *Enciclopédia Britannica online*. (N. R.)

39. Samnitas: tribo guerreira do centro montanhoso do sul da Itália; falavam o osco, idioma extinto do ramo indo-europeu e eram provavelmente uma ramificação dos sabinos. *Enciclopédia Britannica online*. (N. R.)

40. Équos, ou Aequi, povo antigo da Itália originalmente habitando a região dos afluentes do atual Rio Velino. Hostis a Roma, eles se tornaram ameaçadores no século V a.C., avançando para as Colinas Albanas. Repelidos pelos romanos em 431, não foram completamente subjugados até o final da Segunda Guerra Samnita (304 a.C.), quando receberam *civitas sine suffragio* ("cidadania sem direito a voto"). *Enciclopédia Britannica online*. (N. R.)

41. Volscos: antigo povo itálico proeminente na história da expansão romana durante o século V a.C. Pertenciam ao grupo de tribos osco-sabelianos e ocupavam o vale do Rio Liri, entre Abruzo, Lacio e Campania. *Enciclopédia Britannica online*. (N. R.)

42. Etruscos: antigo povo da Etrúria, localizada entre os rios Tibre e Arno a oeste e sul dos Apeninos, cuja civilização urbana atingiu seu auge no século VI a.C. Muitas características da cultura etrusca foram adotadas pelos romanos, seus sucessores ao poder na península. Sua origem é objeto de debates desde a antiguidade. Heródoto, por exemplo, argumentou que os etruscos descendiam de um povo que invadiu a Etrúria vindo da Anatólia antes de 800 a.d. *Enciclopédia Britannica online*. (N. R.)

43. Período das três guerras empreendidas por Roma contra Cartago, entre 264 e 146 a.C. (N. R.)

que parecia abalar toda a Terra. A extensão dessa guerra que afligiu tantas nações, e ambos os elementos, e a destruição à espécie humana, causada em ambos, realmente impressiona para além de qualquer expressão quando é considerada por si só, e aqueles assuntos que são capazes de desviar nossa atenção dela, os personagens, ações e projetos das pessoas envolvidas, não são levados em conta. Essas guerras, refiro-me às chamadas Guerras Púnicas, não poderiam ter resistido à raça humana em menos de três milhões de espécies. E, no entanto, isso forma apenas uma parte, e uma parte muito pequena, da devastação causada pela *ambição romana*. A guerra com Mitrídates[44] (120-63 a.C.) foi muito menos sangrenta; aquele príncipe eliminou, em um golpe, 150 mil romanos em um massacre. Naquela guerra, Sula[45] (138-78 a.C.) destruiu 300 mil homens em Queroneia[46]. Ele derrotou o exército de Mitrídates sob Dorilaus[47] e matou 300

---

44. Mitrídates VI Eupator, ou Mitrídates, *o Grande*, rei do Ponto, no norte da Anatólia. Sob sua liderança, o Ponto absorveu vários de seus pequenos vizinhos e, brevemente, contestou a hegemonia de Roma na Ásia Menor. Mitrídates, que significa "presente de Deus", foi o sexto e último governante com esse nome. *Enciclopédia Britannica online*. (N. R.)

45. Sula, ou Lucius Cornelius Sulla Felix, militar e estadista da *gens* Cornelia, vitorioso na primeira guerra civil da história romana (88-82 a.C.), duas vezes cônsul e posteriormente ditador romano (82-79), realizou notáveis reformas constitucionais para fortalecer a República Romana durante o último século de sua existência. No final de 82, assumiu o nome de Félix por acreditar na própria sorte. *Enciclopédia Britannica online*. (N. R.)

46. Batalha de Queronea (86 a.C.), travada entre as forças romanas de Sula e o exército do Reino do Ponto, comandado pelo general Arquelau, perto de Queroneia, na Beócia. A batalha terminou com a destruição completa do exército pôntico e uma vitória decisiva dos romanos. *Enciclopédia Britannica online*. (N. R.)

47. Dorylaeus ou Dorylaüs (início do século I a.C.), comandante no Reino do Ponto que serviu sob Mitrídates, *o Grande*. Dorylaeus reforçou Arquelau com oitenta mil novas tropas após a perda deste último na Batalha de Queronea.

mil. Esse grande e infeliz príncipe perdeu outros 300 mil antes de Cízico[48]. No decorrer da guerra, teve inúmeras outras perdas; e tendo muitos intervalos de sucesso, ele os vingou severamente. Por fim, ele foi totalmente derrotado; e fez em pedaços o rei da Armênia, seu aliado pela grandeza de sua ruína. Todos os que tinham alguma ligação com ele partilharam do mesmo destino. O impiedoso gênio de Sula tinha carta branca para pleno uso de seus poderes; e as ruas de Atenas não foram as únicas nas quais corria sangue. Nesse período, a espada, empanturrada de matança estrangeira, voltou seu fio para as entranhas da própria República Romana; e apresentou uma cena de crueldades e traições suficientes para quase obliterar a memória de todas as devastações externas. Eu pretendia, meu senhor, ter seguido uma espécie de método para estimar os números de homens eliminados nessas guerras que temos em registro. Mas sou obrigado a alterar meu projeto. Uma uniformidade tão trágica de destruição e assassinato enojaria Vossa Senhoria tanto quanto a mim; e confesso que já sinto meus olhos arderem por mantê-los concentrados, por tanto tempo, em uma perspectiva tão sangrenta. Vou fazer poucas observações sobre as guerras servis[49],

---

Dorylaeus queria travar uma batalha com Sula imediatamente, mas mudou de ideia depois de uma escaramuça com as tropas romanas. (N. R.)

48. Cízico: Cyzicus (/ˈsɪzɪkəs/; grego antigo: Κύζικος Kúzikos; turco otomano: آیدینجق, Aydıncıķ) era uma antiga cidade grega na Mísia, na Anatólia, na atual província de Balıkesir, na atual Turquia. Estava localizada no lado da costa da atual Península de Kapıdağ (o clássico Arctonnesus), um tombolo que se diz ter sido originalmente uma ilha no Mar de Mármara apenas para ser conectado ao continente em tempos históricos, seja por meios artificiais ou por um terremoto. (N. R.)

49. Primeira Guerra Servil (135-132 a.C.), na Sicília, liderada por Euno e Cleão da Cilícia; Segunda Guerra Servil (104-100 a.C.), liderada por Sálvio Trifão; Terceira Guerra Servil (73-71 a.C.), liderada por Espártaco. (N. R.)

social[50], gaulesa e espanhola; não sobre as de Jugurta (c. 160-104 a.C.)[51], nem de Antíoco (215-164 a.C.)[52], nem sobre muitas outras igualmente importantes e levadas a cabo com igual fúria. As carnificinas de Júlio César (100-44 a.C.), isoladamente, são calculadas por outra pessoa; os números que fizeram dele um instrumento de destruição foram contados em 1.200.000. Mas, para dar a Vossa Senhoria uma ideia que possa servir de parâmetro para dimensionar, em algum grau, as outras, você poderá voltar seus olhos para a Judeia, um ponto muito insignificante na própria Terra, embora enobrecido pelos eventos singulares que tiveram seu surgimento naquele país.

---

50. Guerra Social, também chamada de Guerra Itálica, ou Guerra Mársica (90-89 a.C.), rebelião travada pelos aliados italianos da Roma antiga (*socii*) que, negando a soberania romana, lutaram pela independência. Os aliados no centro e no sul da Itália lutaram lado a lado com Roma em várias guerras e ficaram inquietos sob o domínio autocrático romano, pleiteando a cidadania romana e os privilégios que este lhes conferia. Em 91 a.C., o tribuno romano Marco Lívio Druso tentou resolver o problema propondo uma legislação que admitiria todos os italianos à cidadania, mas seu programa suscitou forte oposição no Senado, e Druso foi logo depois assassinado. Os frustrados aliados italianos então se revoltaram. *Enciclopédia Britannica online*. (N. R.)

51. Guerra de Jugurta. Conflito travado entre a República Romana e o rei Jugurta da Numídia, reino da costa Norte da áfrica, aproximadamente a atual Argélia. A Numídia era um reino aliado de Roma e Jugurta era sobrinho de Misipsa (séc. II a.C.). Com a morte do rei, seu território foi dividido entre seus filhos Aderbal e Hiempsal e seu sobrinho Jugurta que, na ambição de reinar sozinho, provocou a guerra. (N. R.)

52. Antíoco IV Epifânio (em grego: "Manifesto de Deus"), também chamado Antíoco Epimanes (*o Louco*), rei selêucida do reino sírio helenístico que reinou de 175 a 164 a.C. Como governante, ele era mais conhecido por encorajar a cultura e as instituições gregas. Suas tentativas de suprimir o judaísmo provocaram as Guerras dos Macabeus. Antíoco era o terceiro filho de Antíoco III, *o Grande*. Após a derrota de seu pai pelos romanos em 190-189, ele serviu como refém de seu pai em Roma de 189 a 175, onde aprendeu a admirar Roma. *Enciclopédia Britannica online*. (N. R.)

Esse local aconteceu, não importa aqui por que meios, de tornar-se, muitas vezes, extremamente populoso e de fornecer homens para matanças dificilmente acreditáveis se outros bem-conhecidos e bem-atestados não lhes tivessem dado uma relevância. O primeiro assentamento dos judeus aqui veio acompanhado por uma eliminação praticamente total de todos os antigos habitantes. Suas próprias guerras civis, e aquelas com seus irrelevantes vizinhos, consumiram vastas multidões quase todos os anos, por vários séculos; e as incursões dos reis da Babilônia e da Assíria causaram imensas devastações. No entanto, temos sua história, mas de forma parcial, de uma maneira indistinta e confusa; de modo que vou lançar um ponto forte de luz apenas sobre aquela parte que coincide com a história romana, e, dessa parte, somente no ponto do tempo quando eles receberam o grande e final golpe que fez com que deixassem de ser uma nação; um golpe que pode ter eliminado pouco menos de dois milhões daquele povo. E sem falar sobre as podas feitas naquele ramo enquanto estava em pé; ou sobre os otários que brotaram, desde então, da velha raiz. Mas, se nessa parte insignificante do globo tal carnificina foi feita em dois ou três reinados curtos, e essa carnificina, grande como é, corresponde a apenas uma parte minúscula do que as histórias desse povo nos informam que sofreram, o que devemos concluir de países mais extensos e que travaram guerras muito mais expressivas?

Exemplos desse tipo compõem a uniformização da História. Mas houve períodos em que nada menos do que a destruição universal da raça humana parece ter sido colocada em causa, quando os godos, os vândalos e os hunos invadiram a Gália, Itália, Espanha, Grécia e África, levando destruição à sua frente, à medida que avançavam; e deixando, atrás de si, horríveis desertos em todos os lugares. *Vastum ubique silentium, secreti colles; fumantia procul tecta; nemo exploratoribus obvius*[53], é o que Tácito (56-117) chama de *facies Victoriæ*[54]. É sempre assim; mas aqui foi categoricamente assim. Do norte vinham as hordas de godos, vândalos, hunos, ostrogodos, que corriam para o sul, para dentro da própria África, que sofria como todo o norte havia sofrido. Nessa época, outra torrente de bárbaros, animada pela mesma fúria e encorajada pelo mesmo sucesso, irrompeu do sul e devastou tudo a nordeste e oeste, até às partes mais remotas da Pérsia, por um lado, e às margens do Loire e mais adiante, por outro; destruindo todos os orgulhosos e surpreendentes monumentos da arte humana, para que nem a memória dos antigos habitantes pareça sobreviver. A respeito do que foi feito desde então, e do que continuará a ser feito enquanto os mesmos incentivos à guerra continuarem, não vou me alongar. Eu vou mencionar em uma só palavra os horríveis efeitos da intolerância e da avareza na conquista da América espanhola; por baixo, estima-se uma conquista realizada com o assassinato de 10 milhões da raça humana. Vou finalizar esta parte fazendo um cálculo geral do todo. Acho que já mencionei acima de 36 milhões. Não especifiquei mais. Não pretendo ser exato; portanto, para uma visão geral, vou reunir todos aqueles que realmente foram mortos em batalhas ou que pereceram de maneira não menos miserável pelas outras consequências destrutivas da guerra desde o início do mundo até hoje, nas quatro partes dele, são mil vezes mais; sem cálculo exagerado,

---

53. Tradução livre: "O vasto silêncio em todos os lugares, as colinas isoladas, telhados fumegantes à distância; nenhum escoteiro se encontrou". Citação retirada da obra de Cornelius Tacitus, *De Vita Iulii Agricolae*. (N. E.)

54. Rosto da Vitória. (N. T.)

considerando tempo e extensão. Talvez não tenhamos falado da quinquagésima parte; estou certo de que não tenho o que é realmente verificado na história; mas quantos desses carniceiros estão representados apenas em generais, que parte da história do tempo nunca alcançou e que vastos espaços do globo habitável não abarcaram, não preciso mencionar a Vossa Senhoria. Não preciso me alongar a respeito dessas torrentes de sangue silencioso e inglório que saturaram as areias sedentas da África, ou mancharam a neve polar, ou alimentaram as florestas selvagens da América durante tantas eras de guerra contínua; devo, para justificar meus cálculos da acusação de extravagância, adicionar à conta aquelas escaramuças que acontecem em todas as guerras, sem que sejam, individualmente, de suficiente dignidade no mal para merecerem um lugar na história, mas que, por sua frequência, compensam essa inocência comparativa; devo inflamar seus números por aqueles massacres gerais que devoraram cidades e nações inteiras; aquelas pestes devastadoras, aquelas fomes consumidoras e todas aquelas sanhas que seguem na esteira da guerra? Não tenho necessidade de exagerar; e evitei, propositadamente, um desfile de eloquência neste caso. Eu deveria desprezar fazê-lo em qualquer ocasião; ademais, ao mencionar esses massacres, é óbvio o quanto o todo pode ser intensificado por uma descrição comovente dos horrores que acompanham o desperdício de reinos e o saque de cidades. Mas não escrevo para a pessoa comum, nem àquilo que unicamente governa a pessoa comum, as suas paixões. Faço um cálculo aproximado e moderado, apenas o suficiente, sem uma exatidão rigorosa, para dar a Vossa Senhoria alguma percepção dos efeitos da sociedade política. Eu coloco a totalidade desses efeitos na conta da sociedade política. Eu confesso a acusação, e logo a sustentarei para o contentamento de Vossa Senhoria. Os números que detalhei são cerca de 36 milhões. Além daqueles mortos em batalhas, tenho algo, nem a metade do que a matéria teria justificado, mas algo que eu disse referente às consequências da guerra ainda mais terrível do que aquela monstruosa carnificina que choca nossa humanidade e quase faz vacilar nossa crença. Assim, aceitando-me em minha exuberância, por um lado, tendo em vista minhas deficiências, por outro, você me achará razoável. Eu imagino que o número de homens agora sobre a Terra está calculado em 500 milhões, no máximo. Aqui o massacre da humanidade, no que você vai chamar de um pequeno cálculo, equivale a mais de setenta vezes o número de almas neste dia sobre o globo. Um ponto que pode fornecer matéria de reflexão para alguém menos inclinado do que Vossa Senhoria, a chegar a conclusões.

Eu venho agora mostrar que a sociedade política é justamente responsável pela maior parte dessa destruição da raça humana. Para ser o mais justo com todos os lados da questão, devo admitir que há uma soberba e um furor na natureza humana que causarão inúmeras contendas, coloque os homens na situação que você quiser; mas, em reconhecendo isso, ainda insisto em imputar aos regulamentos políticos o fato de que essas perturbações são muito frequentes, muito cruéis e acompanhadas de consequências muito deploráveis. Em estado de natureza, era impossível encontrar um número de homens suficiente para tais matanças que concordassem com o mesmo propósito sangrento ou admitir que pudessem ter chegado a tal acordo (uma suposição impossível), entretanto os meios com os quais a natureza simples os supriu não são, de forma alguma, adequados para tal fim; muitos arranhões, muitos hematomas, sem dúvida, seriam recebidos em todas as mãos; mas apenas algumas, muito poucas, mortes. A sociedade e a política, que nos deram essas visões destrutivas, também nos deram os meios para satisfazê-las. Desde o primeiro despontar da política até os dias de hoje, a inventividade dos homens tem refinado e aprimorado o mistério do assassinato, desde as primeiras rudes experimentações com paus e pedras até o atual aperfeiçoamento da artilharia, canhoneio, bombardeio, minas e de todos esses tipos de crueldade artificial, erudita e refinada, nas quais agora somos tão especialistas, e que fazem parte principal do que os políticos nos ensinaram a acreditar ser nossa glória primordial.

Até onde a mera natureza nos teria levado, podemos julgar pelos exemplos daqueles animais que ainda seguem suas leis, e mesmo daqueles a quem ela deu as disposições mais

ferozes e as armas mais terríveis do que ela jamais pretendeu que usássemos. É uma verdade incontestável que, em um ano, há mais devastação feita por homens, de homens, do que aquela feita por todos os leões, tigres, panteras, onças, leopardos, hienas, rinocerontes, elefantes, ursos e lobos sobre suas várias espécies, desde o princípio do mundo; embora estes concordem bastante entre si e tenham uma proporção muito maior de raiva e fúria em sua constituição do que nós. Mas, com respeito a vocês, vocês, legisladores; vocês, civilizadores da humanidade! Vocês Orfeus[55], Moiséses[56], Minoseses[57],

---

55. Orfeu, herói lendário grego antigo dotado de habilidades musicais sobre-humanas. Ele se tornou o patrono de um movimento religioso baseado em escritos sagrados que dizem ser seus. Tradicionalmente, Orfeu era filho de uma musa (provavelmente Calíope) e Oeagrus, um rei da Trácia (outras versões dizem ser filho de Apolo). O canto de Orfeu era tão bonito que animais e até árvores e rochas se moviam em torno dele em dança. Orfeu juntou-se à expedição dos Argonautas, e foi quem os salvou do encanto das sereias, tocando sua própria música. *Enciclopédia Britannica online.* (N. R.)

56. Moisés, em hebraico Moshe, (séculos XIV e XIII a.C.), profeta e líder hebreu que, no século XIII a.C. libertou seu povo da escravidão egípcia. Na cerimônia da Aliança no Monte Sinai, onde os Dez Mandamentos foram promulgados, fundou a comunidade religiosa conhecida como Israel. Como intérprete dessas estipulações do Pacto, era o organizador das tradições religiosas e civis da comunidade. Na tradição judaica, é reverenciado como o maior profeta, e o judaísmo às vezes tem sido vagamente chamado de Mosaísmo, ou a fé mosaica, na cristandade ocidental. Sua influência continua até os dias de hoje. *Enciclopédia Britannica online.* (N. R.)

57. Minos, lendário governante de Creta; era filho de Zeus, o rei dos deuses, e de Europa, uma princesa fenícia, e personificação do continente europeu. Minos obteve o trono cretense com a ajuda do deus grego Poseidon e de Cnossos (ou Gortyn) ganhou o controle das ilhas do mar Egeu, colonizando muitas delas e livrando o mar de piratas. Casou-se com Pasífae, filha de Hélio, que lhe deu, entre outros, Andrógeo, Ariadne e Fedra. Pasífae também era a mãe do Minotauro. Minos guerreou com sucesso contra Atenas e Megara. *Enciclopédia Britannica online.* (N. R.)

Sólons⁵⁸, Teseus⁵⁹, Licurgos⁶⁰, Numas⁶¹!, no que lhes diz respeito, verdade seja dita, seus regulamentos produziram mais danos a sangue frio do que toda a fúria dos animais mais

---

58. Sólon (c. 630-c. 560 a.C.), estadista e legislador ateniense, conhecido como um dos Sete Sábios da Grécia (os outros eram Quilon de Esparta, Tales de Mileto, Bias de Priene, Cleóbulo de Lindos, Pítaco de Mitilene e Periandro de Corinto). Sólon acabou com o controle aristocrático exclusivo do governo, substituiu um sistema de controle pelos ricos e introduziu um novo e mais humano código de leis. Também foi um poeta notável. *Enciclopédia Britannica online*. (N. R.)

59. Teseu, lendário herói ático, filho de Egeu, rei de Atenas, e Etra, filha de Piteu, rei de Trezena, ou do deus do mar, Poseidon e Etra. A lenda relata que Egeu, não tendo filhos, foi autorizado por Piteu a ter um filho (Teseu) por Etra. Quando Teseu atingiu a idade adulta, Etra o enviou para Atenas. Na viagem ele encontrou muitas aventuras. No Istmo de Corinto ele matou o gigante Sinis, que amarrava suas vítimas em pinheiros e os arremessava contra rochas e foi chamado de *Dobrador de Pinho* porque fez o mesmo com Sinis. Depois disso, Teseu despachou a porca (ou javali) Crommyoniana. Então, de um penhasco, ele atirou o perverso Círon, que havia empurrado seus convidados ao mar enquanto lavavam seus pés. Mais tarde, ele matou Procrustes, que encaixou todos os cantos em sua cama de ferro cortando-os ou empilhando-os no comprimento certo. Em Megara, Teseu matou Cercyon, que forçou estranhos a lutar com ele, e em Creta matou o Minotauro no labirinto do rei Minos com a ajuda da filha deste, Ariadne. *Enciclopédia Britannica online*. (N. R.)

60. Licurgo (c. séc. VII a.C.), tradicionalmente, o legislador que fundou a maioria das instituições da antiga Esparta. Não há consenso se realmente existiu ou quais instituições, exatamente, quais instituições deveriam ser atribuídas a ele. Nas fontes antigas sobreviventes, ele é mencionado pela primeira vez pelo escritor grego Heródoto (séc. V a.C.), que afirmou que o legislador pertencia à casa Agiad de Esparta, uma das duas casas (a outra era Eurypontid) que detinha a dupla realeza. De acordo com Heródoto, os espartanos de sua época afirmavam que as reformas de Licurgo foram inspiradas pelas instituições de Creta. O historiador Xenofonte, escrevendo na primeira metade do século IV a.C., aparentemente acreditava que Licurgo havia fundado as instituições de Esparta logo depois que os dórios invadiram a Lacônia (c. 1000 a.C.) e reduziram a população nativa aqueia ao *status* de servos ou hilotas. *Enciclopédia Britannica online*. (N. R.)

61. Numa Pompílio (c. 753-673 a.C.), segundo dos sete reis que, conforme a tradição, governaram Roma antes da fundação da República (c. 509 a.C.). Ainda segundo a tradição, reinou de 715 a 673. A ele é creditada a formulação

ferozes em seus maiores terrores, ou fúrias, jamais produziu, ou jamais poderia produzir!

Esses males não são acidentais. Quem quer que se dê ao trabalho de considerar a natureza da sociedade descobrirá que ela resulta diretamente da forma segundo a qual é constituída. Pois, assim como a subordinação ou, em outras palavras, a reciprocidade da tirania e da escravidão é necessária para sustentar essas sociedades, o interesse, a ambição, a malícia ou a vingança, ou até mesmo a extravagância e o capricho de um homem governante entre elas, é suficiente para armar todo o resto, sem quaisquer visões particulares próprias, para os piores e mais sombrios propósitos; e o que é, ao mesmo tempo, lamentável e ridículo, é que esses miseráveis se envolvam sob essas bandeiras com uma fúria maior do que se fossem animados pela vingança por seus próprios erros.

Não é menos importante observar que essa divisão artificial da humanidade, em sociedades separadas, é uma fonte perpétua em si mesma de ódio e dissensão entre elas. Os nomes que as distinguem são suficientes para fazer explodir o ódio e a raiva. Examine a história; consulte a experiência

---

do calendário religioso e a fundação de outras instituições religiosas primitivas de Roma, incluindo as Virgens Vestais, os cultos de Marte, Júpiter e Rômulo divinizados (Quirino), e o ofício de *pontifex maximus*. Esses desenvolvimentos foram, na verdade, no entanto, o resultado de séculos de acréscimo religioso. Segundo a lenda, Numa é a contraparte pacífica do mais belicoso Rômulo (o lendário fundador de Roma), a quem sucedeu após um interregno de um ano. A lenda afirma que Numa foi um sabino da cidade de Cures, o quarto filho de um homem ilustre chamado *Pompos* (ou *Pompônio*). Após a morte de Rômulo, de modo a evitar um conflito entre romanos e sabinos, decidiu-se que os romanos escolheriam um rei entre os sabinos, e assim escolheram o sabino Numa, um homem celebrado por suas virtudes. Diz-se que teria nascido no mesmo dia em que Roma foi fundada por Rômulo. *Enciclopédia Britannica online*. (N. R.)

atual; e você irá descobrir que a maior parte das disputas entre várias nações dificilmente se encontrou em outra situação além de serem diferentes combinações de pessoas e chamadas por nomes diferentes; – para um inglês, o nome de um francês, de um espanhol, de um italiano, mais ainda, de um turco, ou de um tártaro, levantam naturalmente concepções de ódio e desprezo. Se você fosse inspirar nesse nosso compatriota piedade ou respeito por um desses, você não esconderia essa distinção? Você não rogaria para que ele se tivesse compaixão do pobre francês ou do infeliz alemão. Muito pelo contrário, você falaria dele como um estrangeiro, um acidente pelo qual todos seremos responsabilizados. Você o representaria como um homem: alguém que compartilha conosco da mesma natureza comum e sujeito à mesma lei. Há algo tão adverso à nossa natureza nessas distinções políticas artificiais, que não precisamos de outra trombeta para nos incitar à guerra e à destruição. Mas há algo tão benigno e curativo na Voz da humanidade geral que, *maugre*[62] nossos regulamentos para impedi-la, o simples nome do homem aplicado corretamente nunca deixa de produzir um efeito salutar.

Esse efeito natural imprevisto da política sobre paixões que a humanidade não tem aparece em outras ocasiões. O mero nome de um político, de um estadista, certamente causará terror e ódio, sempre teve ligado a si ideias de traição, crueldade, fraude e tirania; e aqueles escritores que fielmente desvendaram os mistérios do Estado-maçonaria sempre foram mantidos em abominação geral, inclusive por conhecerem tão perfeitamente uma teoria tão detestável. O caso de Maquiavel parece, à primeira vista, algo difícil a esse respeito. Ele é

---

62. Termo arcaico que significa "apesar de". (N. T.)

obrigado a suportar as iniquidades daqueles cujas máximas e regras de governo ele divulgou. A sua especulação é mais abominável do que sua prática.

Mas, se não houvesse outros argumentos contra a sociedade artificial além deste que vou mencionar, acho que ela deveria cair unicamente por este. Todos os escritores da ciência da política estão de acordo, e concordam com a experiência, a de que todos os governos devem frequentemente infringir as regras de justiça para se sustentarem; que a verdade deve dar lugar à dissimulação; a honestidade, à conveniência; e a própria humanidade, ao interesse vigente. A totalidade desse mistério da iniquidade é chamada de razão de Estado. É uma razão que eu mesmo não consigo entender. Que tipo de proteção do direito geral é essa, que se mantém pela infração dos direitos de particulares? Que tipo de justiça é essa, que se impõe por violações de suas próprias leis? Deixo esses paradoxos para serem resolvidos pelos hábeis chefes dos legisladores e políticos. De minha parte, digo o que um homem comum diria em tal ocasião. Eu jamais vou poder acreditar que qualquer instituição simpática à natureza e adequada à humanidade poderia achar necessário, ou mesmo conveniente, em qualquer que seja o caso, fazer o que os melhores e mais dignos instintos da humanidade nos advertem a evitar. Mas não é de admirar que o que se estabelece em oposição ao estado de natureza se preserve pelo pisotear a lei de natureza.

Para provar que esses tipos de sociedades policiadas são uma violação oferecida à natureza e uma restrição sobre a mente humana, basta olhar para as medidas sanguinárias e instrumentos de violência que são usados em todos os lugares para apoiá-las. Façamos um exame das masmorras, chicotes, correntes, cavaletes e forcas com as quais cada sociedade está abundantemente abastecida, pelas quais centenas de vítimas são anualmente oferecidas para alimentar uma dúzia ou duas em orgulho e loucura, e milhões em uma abjeta servidão e dependência. Houve um tempo em que eu olhava com um temor reverente para esses mistérios da política; mas a idade, experiência e filosofia rasgaram o véu; e vejo este *Sanctum Sanctorum*[63], pelo menos, sem qualquer admiração entusiástica. Reconheço, de fato, a necessidade de um tal procedimento nessas instituições; mas sou obrigado a ter uma opinião muito ferina das instituições onde tais procedimentos se fazem necessários.

É um infortúnio que, em nenhuma parte do globo, a liberdade natural e a religião natural sejam encontradas puras e livres da mistura das adulterações políticas. No entanto, implantamos em nós, usando a providência, conceitos, axiomas e regras do que é piedoso, justo, imparcial e honesto, o que nenhum ofício político nem sofisma erudito pode expulsar inteiramente do nosso peito. Por meio desses nós julgamos, e, de outra forma, não podemos avaliar as várias modalidades artificiais de religião e de sociedade e especificá-las à medida que se aproximam ou se afastam desse padrão.

A forma de governo mais simples é o *despotismo*, na qual todas as esferas inferiores de poder são movidas meramente pela vontade do supremo, e todos os que estão sujeitos a ele, dirigidos da mesma maneira, meramente pela vontade ocasional do

---

63. "O Santo dos Santos", esse é equivalente latino do nome que davam os judeus ao lugar mais santo do Templo; um lugar que, por princípio, deveria ser inacessível aos pecadores, sendo aprazível e permitido apenas ao sumo sacerdote eleito. A referência direta é ao Templo de Jerusalém, nele – segundo os relatos bíblicos – havia uma espécie de cortina, um véu, que separava a sala sagrada, o *Sanctum Sanctorum*, da habitação terrena; esse véu, segundo São Mateus 27, 51, teria se rasgado após a morte do Cristo na cruz. (N. E.)

magistrado. Essa forma, assim como é a mais simples, também é infinitamente a mais generalizada. Dificilmente qualquer parte do mundo está isenta de seu poder. E, naqueles poucos lugares onde os homens desfrutam do que chamam de liberdade, ela está continuamente em uma situação cambaleante, e avança a passos cada vez maiores para aquele golfo de despotismo que finalmente engole todas as espécies de governo. Essa maneira de governar, que é dirigida exclusivamente pela vontade do mais fraco, e geralmente do pior homem da sociedade, torna-se a coisa mais tola e caprichosa, ao mesmo tempo em que é a mais terrível e destrutiva que se pode conceber. Em um despotismo, o chefe descobre que, sejam a carência, a miséria e a indigência de seus súditos, seja o que quiserem, ele, ainda assim, pode possuir tudo, em abundância, para satisfazer seus desejos mais insaciáveis. Ele faz mais. Ele descobre que essas gratificações aumentam na proporção da miséria e escravidão de seus súditos. Assim, encorajado tanto pela paixão quanto pelo interesse de ignorar o bem-estar público, e por sua posição localizada acima da vergonha e do medo, ele prossegue para os mais horríveis e chocantes ultrajes contra a humanidade. Seus súditos se tornam vítimas de suas suspeitas. O menor desagrado é a morte; e uma aparência desagradável é, muitas vezes, um crime tão grande quanto a alta traição. Na corte de Nero (37-68), uma pessoa erudita, de mérito inquestionável e lealdade insuspeita, foi condenada à morte por nenhuma outra razão além daquela de ter uma fisionomia pedante que desagradou ao imperador. Esse mesmo monstro da humanidade parecia, no início de seu reinado, ser uma pessoa de virtude. Muitos dos maiores tiranos nos registros da história começaram seus reinados da mais justa maneira. Mas a verdade é que esse poder não natural corrompe tanto o coração quanto o entendimento.

E, para evitar a menor esperança de correção, um rei está permanentemente cercado por uma multidão de bajuladores infames, que encontram sua razão em mantê-lo longe da menor luz da razão, até que todas as ideias de retidão e justiça sejam totalmente apagadas de sua mente. Quando Alexandre (356-323 a.C.), em sua fúria, massacrou desumanamente um de seus melhores amigos e mais bravos capitães; ao retornar à razão, começou a conceber um horror proporcional à culpa por tal assassinato. Nessa conjuntura, seu conselho veio em seu auxílio. Mas o que fez o seu conselho? Eles encontraram para ele um filósofo que lhe trouxe conforto. E de que maneira esse filósofo o consolou pela perda de tal homem e curou sua consciência flagrante com o ardor de tal crime? Você tem o assunto em toda sua extensão em Plutarco (c. 46-120). Ele lhe disse, "deixe que um soberano faça o que quiser, todas as suas ações são justas e lícitas, porque são dele". Os palácios de todos os príncipes estão repletos de tais filósofos corteses. A consequência foi tal como se poderia esperar. Ele, a cada dia, ia crescendo em um monstro cada vez mais abandonado à luxúria antinatural, à devassidão, à embriaguez e ao assassinato. E, no entanto, esse era originalmente um grande homem, de capacidade incomum e de uma forte propensão à virtude. Mas o poder ilimitado procede passo a passo, até que tenha erradicado todo princípio louvável. Já se percebeu que não há príncipe tão mau, cujos favoritos e ministros não sejam piores. Dificilmente há um príncipe sem um favorito, por quem ele seja governado de uma maneira tão arbitrária quanto a que ele governa os miseráveis a ele submetidos. Aqui a tirania é duplicada.

Existem dois tribunais e dois interesses; ambos muito diferentes dos interesses do povo. O favorito sabe que a consideração de um tirano é tão inconstante e caprichosa quanto a de uma mulher; e, ao concluir que seu tempo é curto, ele se apressa em preencher a medida de sua iniquidade, na rapina, na luxúria e na vingança. Todos os caminhos ao trono estão fechados. Ele oprime e arruína o povo, enquanto convence o príncipe de que os murmúrios suscitados por sua própria opressão são os efeitos do descontentamento com o governo do príncipe. Assim, a violência natural do despotismo é inflamada e agravada pelo ódio e pela vingança. Merecer bem do Estado é um crime contra o príncipe. Ser popular e ser um traidor são termos considerados sinônimos. Até a virtude é perigosa como aspirante à qualidade que reivindica uma estima por ela mesma, e independente do semblante da corte. O que foi dito sobre o dirigente é verdade a respeito dos oficiais inferiores dessa espécie de governo; cada um em sua província exercendo a mesma tirania, e esmagando o povo pela opressão, a que é sentida mais severamente, pois está próxima a eles e é exercida por pessoas ignóbeis e subalternas. Quanto à totalidade do povo; eles são considerados como um mero agrupamento de gado; e, de fato, em pouco tempo, não se tornam melhores; todo preceito de amor próprio honesto, todo sentido da dignidade de sua natureza, está perdido em sua escravidão. O dia, diz Homero (c.928-c. 898 a.C.), que faz de um homem um escravo, tira metade de seu valor; e, na realidade, ele perde todo impulso para ação, exceto aquele baixo e aviltante impulso do medo. Nesse tipo de governo, a natureza humana não é apenas abusada e insultada; mas, na realidade, é degradada e mergulhada em uma espécie de brutalidade. Considerar isso fez o sr. Locke (1632-1704) afirmar, com grande justiça, que um governo desse tipo era pior que a anarquia; de fato, é tão abominado e detestado por todos os que vivem sob formas que têm uma aparência mais branda, que dificilmente há um homem racional na Europa que não preferiria a morte ao despotismo asiático. Aqui, então, temos o reconhecimento, da parte de um grande filósofo, de que um estado de natureza irregular é preferível a tal governo; temos o consentimento de todos os homens sensatos e generosos, os quais o levam ainda mais longe e declaram que a própria morte é preferível; e, no entanto, esse tipo de governo, tão justamente condenado e tão habitualmente detestado, é sob o qual a parte infinitamente maior da humanidade geme e tem gemido desde o início; de modo que, por princípios seguros e incontestáveis, a maior parte dos governos da terra deve ser vista como tiranias, imposturas, violações dos direitos naturais da humanidade, e pior que as mais desordenadas anarquias. O quanto outras formas excedem isso, iremos considerar imediatamente.

Em todas as partes do mundo, a humanidade, por mais degradada que seja, ainda conserva o senso de *percepção*; o peso da tirania, por fim, torna-se insuportável; mas o remédio não é tão fácil; no geral, o único remédio pelo qual eles tentam curar a tirania é mudar o tirano. Esse é, e sempre foi, o caso na maior parte. Em alguns países, entretanto, foram encontrados homens de maior entendimento; que descobriram que *"viver segundo a vontade de um homem era a causa da miséria de todos os homens"*. Eles, portanto, mudaram seu antigo método e, reunindo os homens em suas várias sociedades, as mais respeitáveis por seu conhecimento e circunstâncias, confiaram-lhes o encargo do bem-estar público. Isso originalmente formou o que é chamado de aristocracia. Eles tinham a esperança de que seria impossível que um tal número pudesse, em algum momento, unir-se a qualquer propósito contra o bem geral e prometeram a si mesmos muita segurança e felicidade, vindas da parte dos conselhos unidos com tantas pessoas capazes e experientes. Mas agora é descoberto, por abundante experiência, que uma aristocracia e um despotismo diferem apenas no nome; e que um povo, que em geral é excluído de qualquer participação no Legislativo, é, para todos os intentos e propósitos, tanto escravo, quando vinte, independente deles, governam, como quando apenas um domina. A tirania é ainda mais sentida, pois cada indivíduo da nobreza tem a altivez de um sultão; o povo é mais miserável, como parece à beira da liberdade, da qual está para sempre impedido, essa falaciosa ideia de liberdade, ao mesmo tempo que apresenta uma vã sombra de felicidade ao súdito, mais rapidamente amarra as cadeias de sua sujeição. O que é deixado sem fazer, devido à avareza e orgulho naturais daqueles que se elevam acima dos outros, é completado por suas suspeitas e seu pavor de perder uma autoridade, o que não tem apoio na utilidade comum da nação. Um genovês ou uma república veneziana, é um despotismo oculto; onde você encontra o mesmo orgulho dos governantes, a mesma sujeição degradante do povo, as mesmas máximas sangrentas de uma política suspeita. Em um aspecto, a aristocracia é pior que o despotismo. Um corpo político, enquanto retém sua autoridade, nunca muda suas máximas; um despotismo, que neste dia é horrível a um grau extremo, pelo capricho natural ao coração do homem, pode, pelo mesmo capricho, exercido de outra forma, ser tão agradável quanto o próximo; em uma sucessão, é possível encontrar alguns bons príncipes. Se houve Tibérios, Calígulas, Neros, houve igualmente os dias serenos de Vespasianos, Titos, Trajanos e Antoninos; mas um corpo político não é influenciado por capricho ou impulso; ele avança de maneira convencional; sua sucessão é inconsciente; e todo homem que nele entra, ou tem, ou logo alcança, o espírito de todo o corpo. Jamais se soube que uma aristocracia, que foi altiva e tirânica em um século, tornou-se fácil e branda no próximo. Com efeito, o jugo dessa espécie de governo é tão exasperante que, sempre que o povo tem o menor poder, ele se livrou dele com a maior indignação e estabeleceu uma forma popular. E, quando eles não têm Força suficiente para se sustentar, eles se lançam nos braços do despotismo, como o mais elegível dos dois males. Esse foi o caso da Dinamarca, que buscou refúgio da opressão de sua nobreza no forte domínio do poder arbitrário. A Polônia tem, atualmente, o nome de república e é uma das formas aristocráticas; mas é bem sabido que o dedo mínimo desse governo é mais pesado que os lombos do poder arbitrário na maioria das nações. O povo não é apenas politicamente, mas pessoalmente escravo, e tratado com a maior indignidade. A República de Veneza é relativamente mais moderada; no entanto, mesmo aqui, tão pesado é o jugo aristocrático, que os nobres foram obrigados a enfraquecer o espírito de seus súditos com todo tipo de devassidão; negaram-lhes a liberdade da razão e fizeram-lhes compensações, pelo que uma alma vil irá pensar uma liberdade mais valiosa, não apenas permitindo, mas encorajando-os a se corromperem da maneira mais escandalosa. Eles consideram seus súditos da mesma forma como o fazendeiro considera o porco que cria para se banquetear. Ele o segura firme em seu chiqueiro, mas permite que chafurde o quanto quiser em sua amada imundície e gula. Um povo tão escandalosamente depravado como o de Veneza não pode ser encontrado em nenhum outro lugar. Altos, baixos, homens, mulheres, clero e leigos são todos iguais. A nobreza governante não tem menos medo uns dos outros do que tem do povo; e, por essa razão, debilitam politicamente seu próprio corpo pela mesma luxúria efeminada pela qual corrompem seus súditos. Eles são empobrecidos por todos os meios que podem ser inventados;

e são mantidos em um terror permanente pelos horrores de um Estado-inquisitório; aqui você vê um povo privado de toda liberdade racional e tiranizado por cerca de 2 mil homens; e, no entanto, esse corpo de 2 mil está tão longe de desfrutar de qualquer liberdade pela sujeição do resto, que está em um estado de escravidão infinitamente mais severo; eles se tornam os mais degenerados e infelizes da humanidade, por nenhum outro propósito além daquele de contribuir mais efetivamente para a miséria de uma nação inteira. Em suma, os procedimentos regulares e metódicos de uma aristocracia são mais intoleráveis do que os próprios excessos de um despotismo e, em geral, estão muito mais longe de qualquer remédio.

Assim, meu senhor, perseguimos a aristocracia em todo o seu progresso; vimos as sementes, o crescimento e o fruto. Ela não podia ostentar nenhuma das vantagens de um despotismo, por mais miseráveis que fossem essas vantagens, e estava sobrecarregada com uma exuberância de maldades desconhecidas até mesmo pelo próprio despotismo. Com efeito, ela nada mais é do que uma tirania desordenada. Essa forma, em assim sendo, poderia ser pouco aprovada, mesmo na especulação, por aqueles que eram capazes de pensar, e poderia ser menos colocado em prática por qualquer um que fosse capaz de sentir. No entanto, a frutífera política do homem ainda não estava esgotada. Ele tinha ainda outra candeia barata para suprir as deficiências do sol. Essa era a terceira forma, conhecida pelos escritores políticos sob o nome de democracia. Aqui o povo trouxe todos os negócios públicos, ou a maior parte deles, para suas próprias pessoas: suas leis foram feitas por eles mesmos, e, em qualquer falha no dever, seus representantes deveriam prestar contas a eles mesmos, e somente a eles. Ao que parece, por esse método, eles haviam assegurado as vantagens da ordem e do bom governo, sem pagar com sua liberdade pela compra. Agora, meu senhor, chegamos à obra-prima do refinamento grego e da solidez romana, um governo popular. A mais antiga e mais célebre República desse modelo foi a de Atenas. Foi construída por nada menos que um artista, como célebre poeta e filósofo Sólon. Mas tão logo esse navio político saiu do estaleiro, ele virou, ainda durante a vida do construtor. Uma tirania imediatamente sobreveio; não por uma conquista estrangeira, não por um acidente, mas pela própria natureza e características de uma democracia. Um homem ardiloso tornou-se popular, o povo tinha poder nas mãos e delegava uma parte considerável do seu poder ao seu favorito; e o único uso que ele fez desse poder foi para mergulhar aqueles que o deram na escravidão. O acaso restaurou sua liberdade, e a mesma boa fortuna produziu homens de habilidades incomuns e de virtudes incomuns entre eles. Mas essas habilidades foram consideradas de pouca utilidade para aqueles que as possuíam ou para o Estado. Alguns desses homens, por causa de quem lemos sua história, eles baniram; outros eles aprisionaram; e todos eles trataram com várias circunstâncias da mais vergonhosa ingratidão. Repúblicas têm muitas coisas do espírito da monarquia absoluta, mas nada mais do que isso; um mérito brilhante é sempre odiado ou suspeito em uma assembleia popular, bem como em uma corte; e todos os serviços prestados pelo Estado são vistos como perigosos para os governantes, sejam sultões ou senadores. O ostracismo em Atenas foi construído sobre esse princípio. O tolo povo, que agora estamos analisando, exultante com alguns lampejos de sucesso, que eles deviam a nada menos do que a qualquer mérito próprio, começou a tiranizar seus iguais, que se associaram a eles para sua defesa comum. Com sua prudência, eles renunciaram a toda aparência de justiça. Eles entravam em guerras de forma precipitada e arbitrária. Se não tivessem sucesso, em vez de ficarem mais sábios por seu infortúnio, jogavam toda a culpa de sua própria má conduta nos ministros que lhes haviam aconselhado e nos generais que conduziram essas guerras; até que, aos poucos, iam eliminando todos os que podiam servi-los em seus conselhos ou suas batalhas. Se, em algum momento, essas guerras tiveram um resultado mais feliz, não era menos difícil lidar com eles devido ao seu orgulho e insolência. Furioso em suas adversidades, tirano em seus sucessos, um comandante tinha mais dificuldade em orquestrar sua defesa perante o povo do que planejar as operações da campanha. Não era incomum para um general, sob o horrível despotismo dos imperadores romanos, ser mal recebido proporcionalmente à grandeza de seus serviços. Agrícola[64] (40-93) é sólido um exemplo disso. Nenhum homem fez coisas maiores, nem com ambição mais honesta. No entanto, em seu retorno à corte, ele foi obrigado a entrar em Roma com todo o sigilo de um criminoso. Ele foi ao palácio, não como um comandante vitorioso que merecia e poderia exigir as maiores recompensas, mas como um infrator que havia vindo suplicar um perdão por seus crimes. Sua recepção foi responsável: *"Brevi osculo, & nullo sermone*

---

64. Cneu Júlio Agrícola, nascido em Forum Julii, na Gália Narbonense, general romano celebrado por suas conquistas na Grã-Bretanha. Sua vida é contada por seu genro, o historiador Tácito. Depois de servir como tribuno militar sob Suetônio Paulino, governador da Grã-Bretanha (59-61), Agrícola tornou-se, sucessivamente, questor na Ásia (64), tribuno do povo (66) e pretor (68). Na guerra civil de 69, ele ficou do lado de Vespasiano, que o nomeou para um comando na Grã-Bretanha. Ele recebeu o *status* de patrício ao retornar a Roma em 73 e serviu como governador da Aquitânia (74-77). Nomeado cônsul em 77, foi feito governador da Grã-Bretanha de 77-78 a 84. *Enciclopédia Britannica online*. (N. R.)

*exceptus, turbæ servientium immistus est"*[65]. No entanto, naquele pior momento dessas piores tiranias monárquicas, modéstia, discrição e um temperamento frio formavam um tipo de segurança mesmo para o mais alto mérito. Mas, em Atenas, o comportamento mais bonito e mais bem estudado não era proteção suficiente para um homem de grande capacidade. Alguns de seus mais bravos comandantes foram obrigados a fugir de seu país, alguns a entrar no serviço de seus inimigos, em vez de enfrentar uma determinação popular sobre sua conduta, para que, como um deles disse, sua tolice não fizesse o povo condenar onde eles queriam absolver; lançar um feijão preto, mesmo quando pretendiam um branco[66].

Os atenienses progrediram muito rapidamente para os mais enormes excessos. O povo sem limite algum logo se tornou dissoluto, luxurioso e ocioso. Eles renunciaram a todo o trabalho e passaram a viver das receitas públicas. Perderam toda a preocupação com sua honra ou segurança comuns, e não podiam suportar nenhum conselho que tendesse a reformá-los. Nesse momento, a verdade tornou-se ofensiva para aqueles senhores, o povo, e altamente perigosa para o parlamentar. Os oradores apenas subiam à *tribuna* para corrompê-los ainda mais com a mais eloquente adulação. Tais oradores foram todos subornados por príncipes estrangeiros tanto de um lado quanto de outro. E além de seus próprios partidos, nessa cidade havia partidos, e também partidos declarados, para os persas, espartanos e macedônios, sustentados, cada um deles, por um ou mais demagogos aposentados e subornados para

---

65. Em tradução livre: "Com um beijo curto e sem conversa, ele se misturou com a multidão de escravos". (N. E.)

66. No original: *to throw in a black Bean, even when they intended a white one.* (N. E.)

esse trabalho iníquo. O povo, esquecido de toda virtude e espírito público, e embriagado pelas lisonjas de seus oradores (esses cortesãos da República, e dotados das características distintivas de todos os outros cortesãos), esse povo, posso dizer, finalmente chegou àquele tom da loucura que, fria e deliberadamente, por uma lei expressa, tornou capital, para qualquer homem, propor uma aplicação das imensas somas esbanjadas em espetáculos públicos, mesmo para os propósitos mais necessários do Estado. Quando você vê o povo dessa República banindo ou assassinando seus melhores e mais capazes cidadãos, dissipando o tesouro público com a mais insensata extravagância e gastando todo o seu tempo, como espectadores ou atores, jogando, tocando, dançando e cantando, isso, meu senhor, não desperta sua imaginação com a imagem de uma espécie de complexo de Nero? E não lhe atinge, com o maior horror, quando você observa não apenas um homem, mas uma cidade inteira, ficar embriagada com orgulho e poder, relacionando-se com uma onda de loucura na mesma devassidão e extravagância mesquinhas e sem sentido? Mas, se esse povo se assemelhava a Nero em sua extravagância, muito mais ele se assemelhava e até o superava em crueldade e injustiça. No tempo de Péricles (c. 495/492-429 a.C.), um dos períodos mais célebres da história daquela nação, um rei do Egito enviou-lhes uma doação de milho. Isso eles foram maus o suficiente para aceitar. E, caso o príncipe egípcio tivesse pretendido a ruína dessa cidade de malvados belemitas, ele não poderia ter usado um método mais eficaz para fazê-lo do que por uma tal generosidade ludibriante. A distribuição dessa recompensa causou uma desavença; a maioria deu início a uma consulta a respeito do título dos cidadãos; e sob um vão fingimento de ilegitimidade, recém e ocasionalmente estabelecida, eles privaram de sua parte da doação real nada menos que 5 mil de seu próprio corpo. Eles foram mais longe; privaram-nos de direitos; e, tendo uma vez começado com um ato de injustiça, não podiam estabelecer limites para ele. Não contentes em extirpá-los dos direitos de cidadãos, eles saquearam esses infelizes desgraçados de toda a sua essência; e, para coroar essa obra-prima da violência e tirania, eles realmente venderam cada homem dos 5 mil como escravos no mercado público. Observe, meu senhor, que os 5 mil dos quais falamos aqui foram cortados de um corpo de não mais de 19 mil; pois o número total de cidadãos não era maior [do que isso] naquela época; o próprio Tirano Calígula (12-41) poderia ter feito, ou melhor, ele dificilmente poderia desejar um mal maior do que cortar, de um golpe, um quarto de seu povo? Ou a crueldade daquela série de tiranos de sangue, os césares, alguma vez apresentou uma tal peça de maldade flagrante e extensa? Toda a história dessa célebre República é apenas um tecido de imprudência, loucura, ingratidão, injustiça, tumulto, violência e tirania, e, de fato, de todas as espécies de maldade que bem se possa imaginar. Essa era uma cidade de sábios, na qual um governante não podia exercer suas funções; um povo belicoso em meio a quem um general não ousava nem ganhar ou perder uma batalha; uma nação erudita, na qual um filósofo não poderia se aventurar em uma livre investigação. Essa foi a cidade que baniu Temístocles (c. 524-459 a.C.), fez Aristides (c. 535-468 a.C.) passar fome, forçou Milcíades (c. 550-489 a.C.) ao exílio, expulsou Anaxágoras (c. 500-428 a.C.) e envenenou Sócrates (c. 470-399 a.C.). Essa foi uma cidade que mudou a forma de seu governo de acordo com a lua; conspirações eternas, revoluções diárias, nada fixo e estabelecido. Uma República, como observou um antigo filósofo, não é uma espécie de governo, mas um celeiro de todas as espécies; aqui você encontra todo tipo [de governo], e isso na pior forma. Como há uma mudança permanente, uma em ascensão e a outra em queda, tem-se toda a violência e política perversa, pela qual um poder inicial deve sempre adquirir sua força, e toda a fraqueza pela qual Estados em queda são levados à completa destruição.

Roma tem um aspecto mais venerável que Atenas; e ela conduziu seus negócios, até onde estão relacionados à ruína e opressão da maior parte do mundo, com maior sabedoria e mais uniformidade. Mas a economia interna desses dois Estados era quase ou totalmente a mesma. Uma dissensão interna constantemente estraçalhou as entranhas da República Romana. Você encontra a mesma confusão, as mesmas facções que subsistiram em Atenas, os mesmos tumultos, as mesmas revoluções e, enfim, a mesma escravidão. Supondo que, talvez, sua antiga condição também não merecesse esse nome. Todas as outras Repúblicas tinham do mesmo caráter. Florença era uma cópia de Atenas. E as Repúblicas modernas, à medida que se aproximam mais ou menos da forma democrática, participam mais ou menos da natureza daquelas que descrevi.

Estamos agora no final de nossa revisão das três formas simples de sociedade artificial e mostramos que elas, por mais que possam diferir em nome, ou em algumas tênues circunstâncias, são todas iguais na prática; em efeito, são todas tiranias. Mas suponha que estivéssemos inclinados a fazer as mais amplas con-cessões; vamos admitir que Atenas, Roma, Cartago e mais duas ou três das antigas, e outras tantas das Repúblicas modernas, tenham sido, ou sejam, livres e felizes, e devam sua liberdade e felicidade à sua constituição política. Mesmo possibilitando tudo isso, de um modo geral, que defesa isso faz da sociedade artificial, [de modo] que esses pontos insignificantes do globo, por algum curto espaço de tempo, tenham sido exceções a uma acusação tão geral? Mas, quando chamamos esses governos de livres, ou admitimos que seus cidadãos eram mais felizes do que aqueles que viviam sob formas diferentes, é meramente *ex abundanti*[67]. Pois estaríamos muito enganados se, de fato, pensássemos que a maioria do povo que enchia essas cidades desfrutava até mesmo daquela liberdade política nominal da qual já falei tanto. Na realidade, eles não tinham parte disso. Em Atenas, geralmente havia de dez a trinta mil homens livres: isso era o máximo. Mas os escravos geralmente somavam quatrocentos mil, e, às vezes, muito mais. Os homens livres de Esparta e Roma não eram, em proporção, mais numerosos aos que eles mantinham em uma escravidão ainda mais terrível que a ateniense. Portanto, exponha-se a questão com justiça: os Estados livres nunca formaram, mesmo tomados todos juntos, a milésima parte habitável do globo; os homens livres nesses Estados nunca foram a vigésima parte do povo, e o tempo em que subsistiram é quase nada naquele imenso oceano de duração em que tempo e escravidão são praticamente equivalentes. Portanto, chame esses Estados de livres, ou de governos populares, ou do que quiser; quando consideramos a maioria de seus habitantes e consideramos os direitos naturais da humanidade, eles devem parecer em realidade e em verdade não melhores do que as lamentáveis e opressivas oligarquias.

Depois de um exame tão justo, em que nada foi exagerado; nenhum fato produzido que não possa ser provado, e nenhum que tenha sido produzido de alguma forma artificial ou forçada, enquanto milhares foram, por brevidade, omitidos; após uma

---

67. *Ex abundanti*: superfluamente, abundantemente, mais do que suficiente. (N. E.)

discussão tão franca em todos os aspectos; que escravo tão passivo, que fanático tão cego, que entusiasta tão impetuoso, que político tão endurecido a ponto de se levantar em defesa de um sistema calculado para uma maldição à humanidade? Uma maldição sob a qual eles sofrem e gemem até esta hora, sem conhecer completamente a natureza da doença e querendo compreensão ou coragem para aplicar o Remédio.

Não preciso me desculpar com Vossa Senhoria, nem, creio eu, com qualquer homem honesto, pelo zelo que demonstrei nesta causa; pois é um zelo honesto e em uma boa causa. Eu tenho defendido a religião natural contra uma confederação de ateus e "divinos". Agora defendo a sociedade natural contra os políticos e a razão natural contra todos os três. Quando o mundo estiver em uma disposição mais apta do que no presente para ouvir a verdade, ou quando eu for mais indiferente à sua disposição, meus pensamentos podem se tornar mais públicos. Enquanto isso, que eles descansem em meu próprio peito e no coração dos homens que estão aptos a serem iniciados nos sóbrios mistérios da verdade e da razão. Meus antagonistas já fizeram tanto quanto eu poderia desejar. Os partidos na religião e na política fazem descobertas uns em relação aos outros para dar a um homem sóbrio uma precaução adequada contra todos eles. Os *partisans*[68] monárquicos, aristocráticos e populares têm juntos colocado seus machados na raiz de todo

---

68. "Partisians" são denominados aqueles que compõem tropas militares irregulares, isto é, sem reconhecimento explícito de um Estado; para alguns se assemelham a mercenários e, a outros, a meros sabotadores locais. No século XVII e XVII foram empregados por monarcas e assembleias em batalhas que visavam recuperar territórios ocupados por estrangeiros, todavia, podiam também atuar por espontaneidade, sem nenhum elo oficial com governante que consideravam legítimo. (N. E.)

governo e, por sua vez, provaram-se mutuamente absurdos e inconvenientes. Em vão você me diz que o governo artificial é bom, mas que só eu me aborreço com o abuso. A Coisa! A Coisa propriamente dita é o abuso! Perceba, meu senhor, eu lhe peço, esse grande erro sobre o qual todo Poder Legislativo artificial está alicerçado. Observou-se que os homens tinham paixões ingovernáveis, o que tornava necessário precaver-se contra a violência que poderiam oferecer uns aos outros. Eles, por essa razão, nomearam governantes sobre eles; mas surge uma pior e mais desconcertante dificuldade, como ser defendido contra os governantes? *Quis custodiet ipsos custodes*[69]*?* Em vão eles mudam de uma única pessoa para algumas. Esses poucos têm as paixões de um e se unem para se fortalecer e assegurar a gratificação de suas paixões sem lei à custa do bem geral. Em vão voamos para os muitos. O caso é pior; suas paixões são menores sob o governo da razão, elas são aumentadas pelo contágio e defendidas contra todos os ataques por sua multidão.

Eu, propositadamente, evitei a menção da forma mista de governo, por razões que serão muito óbvias para Vossa Senhoria. Minha cautela, entretanto, pode me valer, mas pouco. Você não deixará de insistir nisso contra mim em favor da sociedade política. Você não deixará de mostrar como os erros dos vários modos simples são corrigidos por uma mistura de todos eles e de um equilíbrio adequado dos vários poderes em tal Estado. Confesso, meu senhor, que esse tem sido, há muito tempo, um querido erro meu; e que, de todos os sacrifícios que fiz à verdade, esse foi, de longe, o maior. Quando admito que considero essa concepção um erro, sei a quem estou falando, pois estou

---

69. Célebre citação das Sátiras de Juvenal, Sátiras 6, Livro II. "Quem vigia os vigias?". (N. E.)

convencido de que as razões são como os licores, e há alguns de uma tal natureza que só as cabeças fortes podem suportar. Há poucos com quem posso me comunicar tão livremente como com o papa. Mas o papa não pode suportar todas as verdades. Ele tem uma timidez que impede o pleno exercício de suas faculdades quase tão eficazmente quanto o fanatismo limita aquelas do rebanho geral da humanidade. Mas qualquer um que seja um genuíno seguidor da verdade mantém seus olhos firmes em seu guia, indiferentemente para onde é conduzido, desde que ela seja a líder. E, meu senhor, se for devidamente considerado, seria infinitamente melhor permanecer possuído por uma legião inteira de erros triviais do que rejeitar alguns, e, ao mesmo tempo, manter um apreço por outros, da mesma forma, tão absurdos e irracionais. O primeiro tem, pelo menos, uma consistência que torna o homem, ainda que erroneamente, no mínimo, uniforme; mas esta última maneira de proceder é uma quimera tão inconsistente e uma confusão entre filosofia e preconceito vulgar que dificilmente algo mais ridículo pode ser concebido. Vamos, portanto, de forma livre, e sem medo ou preconceito, examinar esta última artimanha da política. E, sem considerar quão perto do cerne nossos instrumentos podem chegar, vamos procurá-la até o fundo.

Em primeiro lugar, todos os homens concordam que essa união de poder régio, aristocrático e popular deve formar uma máquina muito complexa, refinada e intrincada que, sendo composta de uma tal variedade de partes, com tendências e movimentos tão opostos, ela deve ser responsabilizada por cada acidente e desordem. Para falar sem metáforas, um tal governo deve estar sujeito a frequentes cabalas[70], tumultos e

---

70. Conspirações. (N. T.)

revoluções, desde a sua própria constituição. Esses são, sem dúvida, efeitos tão ruins quanto podem acontecer em uma sociedade; pois, em tal caso, a proximidade adquirida pela comunidade, em vez de servir para a defesa mútua, serve apenas para aumentar o perigo. Tal sistema é como uma cidade, onde se exercem muito ofícios que exigem constante [uso do] fogo, onde as casas são construídas de materiais combustíveis e ficam extremamente próximas.

Em segundo lugar, as várias partes constituintes com direitos distintos, e dessas, muitas delas, tão necessárias de serem definidas com exatidão, estão ainda tão indeterminadas em sua natureza que se tornam uma nova e constante fonte de debate e confusão. Portanto, enquanto os negócios do governo devem estar em andamento, a questão é quem tem o direito de exercer esta ou aquela função, ou que homens têm poder para manter seus cargos em qualquer função. Enquanto essa competição continuar, e enquanto o equilíbrio de qualquer tipo continuar, ele nunca terá qualquer remissão; todos os tipos de abusos e vilanias em oficiais permanecem impunes, as maiores fraudes e roubos nas receitas públicas são cometidos em desafio à justiça; e abusos transformam-se, pelo tempo e impunidade, em hábitos; até que prescrevam em relação às leis e se tornem inveterados demais para admitir uma cura, a menos que esta seja tão ruim quanto a doença.

Em terceiro lugar, as várias partes dessa espécie de governo, embora unidas, preservam o espírito que cada forma tem separadamente. Os reis são ambiciosos; a nobreza altiva; e a população turbulenta e ingovernável. Cada partido, por mais pacífico que pareça, executa um projeto sobre os outros; e é devido a isso que, em todas as questões, quer se trate de assuntos estrangeiros ou domésticos, o todo geralmente gira mais em torno de algum assunto relacionado ao partido do que sobre a natureza da coisa em si; independentemente se tal passo diminuirá ou aumentará o poder da coroa, ou até que ponto os privilégios do súdito serão estendidos ou restringidos por ele. E essas questões são constantemente resolvidas sem qualquer consideração dos méritos da causa, apenas quando os partidos que defendem esses interesses divergentes podem ter a chance de prevalecer; e, à medida que prevalecem, o equilíbrio é ultrapassado ora de um lado, ora do outro. O governo, num dia, é poder arbitrário em uma única pessoa; noutro, um malabarismo de uns poucos confederados para enganar o príncipe e escravizar o povo; e no terceiro, uma democracia agitada e incontrolável. O grande instrumento de todas essas mudanças, e o que infunde um veneno peculiar em todas elas, é o partido. Não importam quais sejam os princípios de qualquer partido, ou quais sejam suas pretensões, o espírito que atua em todas os partidos é o mesmo; o espírito da ambição, do interesse próprio, da opressão e traição. Esse espírito inverte inteiramente todos os princípios que uma natureza benevolente erigiu em nós; toda honestidade, toda justiça igual, e até os laços da sociedade natural, os afetos naturais. Em uma palavra, meu senhor, todos nós temos visto, e, se quaisquer considerações externas eram dignas da preocupação permanente de um homem sábio, alguns de nós temos sentido essa opressão do governo do partido como nenhuma outra tirania pode se comparar. Contemplamos diariamente os direitos mais importantes, direitos dos quais todos os outros dependem; contemplamos esses direitos definidos como último recurso, sem a menor atenção nem mesmo à aparência ou à cor da justiça; contemplamos isso sem emoção, porque crescemos na constate visão de tais práticas; e não nos surpreende ouvir um homem ser chamado para ser um vigarista e um traidor, com tanta indiferença como se o favor mais comum estivesse sendo pedido; e ouvimos que esse pedido foi recusado, não porque seja um desejo muito injusto e irracional, mas porque essa digna pessoa já comprometeu sua injustiça com outro. Esses e muitos outros pontos estou longe de desenvolver em toda a sua extensão. Você está ciente de que eu não apresento metade da minha força; e você não pode perder a razão. A um homem é permitida uma suficiente liberdade de pensamento, desde que ele saiba adequadamente escolher seu assunto. Você pode criticar livremente a constituição chinesa e fazer observações com tanta severidade quanto quiser sobre as manobras absurdas ou sobre o fanatismo destrutivo dos bonzos[71]. Mas a cena muda à medida que você volta para casa, e ateísmo ou traição podem ser os nomes dados, na Grã-Bretanha, ao que seria razão e verdade se afirmado da China. Submeto-me à condição e, embora tenha uma notória vantagem diante de mim, aceno à perseguição. Do contrário, meu senhor, é muito óbvio qual retrato pode ser desenhado dos excessos de partido, mesmo em nossa própria nação. Eu poderia mostrar que a mesma facção em um reinado promoveu sedições populares, e, no próximo, foi um patrono da tirania; eu poderia mostrar que todos eles traíram a segurança pública a todo momento e, muitas vezes, com igual perfídia, fizeram um mercado de sua própria causa e de seus próprios associados. Eu poderia mostrar quão veementemente eles lutaram por nomes e quão

---

71. Forma de sacerdote ou homem místico. A palavra tem caído em desuso no português brasileiro. Pode-se encontrar uma referência a esse termo no conto de Machado de Assis "O segredo do Bonzo". Monge, servidor de um templo, estudioso de teologia e outras ciências humanas. (N. E.)

silenciosamente passaram por cima de coisas de última importância. E eu poderia demonstrar que eles tiveram a oportunidade de fazer toda essa maldade, ou melhor, que eles próprios tiveram sua origem e crescimento a partir da forma complexa de governo que somos sabiamente ensinados a considerar uma tão grande bênção. Esquadrinhe, meu senhor, nossa história desde a conquista. Raramente tivemos um príncipe que, por fraude ou violência, não tivesse infringido a Constituição. Raramente tivemos um Parlamento que soubesse, quando tentou estabelecer limites à autoridade real, como estabelecer limites à sua própria. Os males que tivemos continuamente pedindo por reforma, e reformas mais graves do que quaisquer males. Nossa alardeada liberdade, às vezes, pisoteada, às vezes aceleradamente criada, sempre precariamente flutuante e instável; ela só foi mantida viva pelas explosões de contínuas rixas, guerras e conspirações. Em nenhum país da Europa, o cadafalso, tantas vezes, ficou vermelho com o sangue de sua nobreza. Confiscos, banimentos, proscrições e execuções fazem uma grande parte da história de nossas famílias que não são totalmente extintas por eles. Antigamente, de fato, as coisas tinham uma aparência mais feroz do que têm neste dia. Nessas eras primitivas, e não refinadas, as partes dissonantes de uma certa constituição caótica sustentavam suas várias pretensões pela espada. A experiência e a política têm, desde então, ensinado outros métodos.

*Res vero nunc agitur tenui pulmone rubetæ*[72]. Mas até que ponto a corrupção, a venalidade, o desprezo à honra, o esquecimento

---

72. "hoje o problema resolve-se com o pulmãozinho de um sapo". A citação é de Juvenal, mais especificamente a Sátira 6 contida em seu Livro II. A tradução foi retirada do trabalho de conclusão de mestrado de Rafael Cavalcanti do

de todos os deveres para com nosso país e a mais desenfreada prostituição pública são preferíveis aos mais gritantes e violentos efeitos de facção, não pretendo determinar. Tenho certeza de que eles são demônios muito grandes.

Terminei com as formas de governo. Durante o curso de minha investigação, você pode ter observado uma diferença muito significativa entre minha maneira de raciocinar e aquela que está em uso entre os instigadores da sociedade artificial. Eles fazem seus Planos sobre o que parece mais admissível para suas imaginações, para o ordenamento da humanidade. Eu descubro os erros nesses planos, das consequências reais conhecidas que resultaram deles. Eles convocaram a razão para lutar contra si mesma e empregam toda a sua força para provar que ela é um guia insuficiente para eles na condução de suas vidas. Mas, infelizmente para nós, na proporção em que nos desviamos da regra clara de nossa natureza e voltamos nossa razão contra si mesma, nessa proporção aumentamos os disparates e misérias da humanidade. Quanto mais profundamente penetramos no labirinto da arte, mais longe nos encontramos daqueles fins pelos quais entramos nele. Isso aconteceu em quase todas as espécies de sociedade artificial, e em todos os tempos. Encontramos, ou pensamos ter encontrado, uma inconveniência em ter cada homem como juiz de sua própria causa. Assim foram constituídos juízes, inicialmente com poderes discricionários. Mas logo se descobriu uma escravidão miserável ter nossas vidas e

---

Carmo, cujo título é *Difficile est saturam bene vertere: os desafios da tradução poética e uma versão brasileira das sátiras de juvenal*. O texto integral do trabalho pode ser acessado no seguinte sitio: http://repositorio.ufes.br/handle/10/9189. Acesso em 16/11/2022. (N. E.)

propriedades precárias e dependentes da determinação arbitrária de qualquer homem, ou conjunto de homens. Corremos para leis como remédio para este mal. Por meio delas, nós nos convencemos de que poderíamos saber com alguma certeza em que terreno estávamos. Mas ei! Surgiram diferenças a respeito do sentido e interpretação dessas leis. Desse modo, fomos trazidos de volta à nossa antiga incerteza. Novas leis foram feitas para esclarecer as antigas; e novas dificuldades surgiram a respeito das novas leis; à medida que as palavras se multiplicavam, as oportunidades de cavilar sobre elas também se multiplicavam. Recorreu-se então a notas, comentários, glosas, relatórios, *responsa prudentum*[73], leituras eruditas: águia ficava contra águia; autoridade foi instituída contra autoridade. Alguns eram atraídos pelo moderno, outros reverenciavam o antigo. Os novos eram mais esclarecidos, os antigos eram mais veneráveis. Alguns adotaram o comentário, outros se apegaram ao texto. A confusão aumentou, a névoa adensou-se, até que não se pôde mais saber o que era permitido ou proibido, quais coisas estavam em propriedade e o que era comum. Nessa incerteza (incerta mesmo para os professores, uma escuridão egípcia[74] para o resto da humanidade), as partes em conflito sentiram-se mais efetivamente arruinadas pelo atraso do que

---

73. *Responsa Prudentum*: pareceres dados por advogados romanos. Antes de Augusto, todo advogado estava, por direito, autorizado a responder às perguntas que lhes eram feitas e todas as respostas, *responsa prudentum*, tinham igual autoridade, que não tinha força de lei, mas do parecer do advogado. (N. E.)

74. Referência à nona praga do Egito: "O Senhor disse a Moisés: 'Levanta as mãos para os céus e uma grande escuridão descerá sobre o Egito; serão trevas densas *de não se ver um palmo adiante*'. Moisés obedeceu e caiu uma *escuridão densíssima* sobre a terra durante três dias. E todo esse tempo a população quase não se podia mover. No entanto, o povo de Israel tinha a luz habitual". Êxodo 10, 21-29. (N. T.)

poderiam ter sido pela injustiça de qualquer decisão. Nossas heranças tornam-se um prêmio de disputa; e disputas e litígios tornam-se herança.

Os professores do direito artificial sempre andaram de mãos dadas com os professores da teologia artificial. Como o seu fim, ao confundir a razão do homem e abreviar sua liberdade natural, é exatamente o mesmo, eles ajustaram os meios para esse fim de uma maneira inteiramente semelhante. O divino troveja seus anátemas com mais barulho e terror contra a violação de uma de suas instituições positivas, ou contra a negligência de algumas de suas formas triviais, do que contra a negligência ou violação daqueles deveres e mandamentos da religião natural, que por essas formas e instituições que ele pretende impor. O advogado tem suas formas, e também suas instituições positivas, e as segue com uma veneração totalmente religiosa. A pior causa não pode ser tão prejudicial ao litigante quanto a ignorância ou negligência dessas formas por parte de seu advogado ou procurador. Uma ação judicial é como uma disputa mal gerida, na qual o primeiro objeto logo está fora de vista, e as partes terminam em um assunto totalmente estranho àquele com que começaram. Em uma ação judicial, a questão é: quem tem direito a uma determinada casa ou fazenda? E essa questão é diariamente determinada, não sobre as evidências do direito, mas sobre a observância ou negligência de algumas formas de palavras em uso com os cavalheiros da toga, sobre as quais há, até entre eles, um tal desacordo, que os mais experientes veteranos na profissão nunca podem ter certeza de que não estão enganados.

Expostulemos com esses sábios eruditos, esses sacerdotes do sagrado templo da justiça. Somos juízes da nossa propriedade? De jeito nenhum. Você, então, que é iniciado nos mistérios da deusa de olhos vendados, diga-me se eu tenho o direito de comer o pão que ganhei pelo risco de minha vida ou pelo suor do meu rosto? O sério doutor me responde na Afirmativa. O reverendo Serjeant (1710-1749) responde na negativa; o erudito advogado raciocina de um lado e de outro, e não conclui nada. O que devo fazer? Um antagonista começa e me pressiona com força. Eu entro no campo e contrato essas três pessoas para defender minha causa. Minha causa, que dois fazendeiros de arado poderiam ter decidido em meia hora, leva vinte anos para o tribunal. Estou, no entanto, no fim do meu trabalho e tenho como recompensa por toda a minha fadiga e aborrecimento um julgamento a meu favor. Mas espere – um comandante astuto, no exército do adversário, encontrou uma falha no processo. Meu triunfo é transformado em luto. Eu usei "ou", em vez de "e", ou algum erro, pequeno em aparência, mas terrível em suas consequências, e tenho o todo do meu sucesso anulado em um mandado de erro[75]. Eu retiro meu processo; eu mudo de tribunal em tribunal; eu voo da equidade para a lei, e da lei para a equidade; igual incerteza me acompanha em todos os lugares: e um erro no qual eu não tive parte decide, de uma só vez, sobre minha liberdade e propriedade, mandando-me da corte para uma prisão, e sentenciando minha família à mendicância e à fome. Sou inocente, senhores, da escuridão e da incerteza de sua ciência. Eu jamais a obscureci com noções absurdas e contraditórias, nem a confundi com chicana e sofisma. Você me excluiu de qualquer parte na condução de minha própria

---

75. Trata-se de uma decisão e anulação de sentença. Quando há um erro na sentença mesma ou na tramitação que levou a ela, seja em razão do mérito observado, ou em razão de matéria processual. (N. E.)

causa; a ciência era profunda demais para mim; eu reconheci isso; mas era profundo demais até mesmo para vocês: vocês tornaram o caminho tão intrincado que vocês mesmos estão perdidos nele: vocês erram e me punem por seus erros.

O atraso da lei é, Vossa Senhoria me dirá, um tópico banal, e quais dos seus abusos não foram tão severamente sentidos para não serem frequentemente reclamados? A propriedade de um homem deve servir para os propósitos de seu sustento; e, portanto, atrasar uma resolução a esse respeito é a pior injustiça, porque corta o próprio fim e propósito para os quais eu solicitei por alívio ao judiciário. Muito pelo contrário, no caso da vida de um homem, ali a decisão dificilmente pode ser muito prolongada. Erros nesse caso são tão frequentes como em qualquer outro, e, se o julgamento é súbito, os erros são os mais irrecuperáveis de todos os outros. Disso, os cavalheiros da toga são eles próprios sensíveis, e trouxeram isso a uma máxima: *De morte hominis nulla est cunctatio longa*[76]. Mas o que poderia tê-los induzido a reverter as regras e a contradizer aquela razão que as ditava, sou totalmente incapaz de imaginar um ponto relativo à propriedade, o qual, pelas razões que acabo de mencionar, deve ser decidido o mais rapidamente, com frequência exerce a astúcia das sucessões de advogados, por muitas gerações. *Multa virum volvens durando sæcula vincit*[77]. Mas a questão relativa à vida de um homem, aquela

---

76. Em tradução livre: "Da morte do homem não há longa demora". No direito trata-se de um conceito legal cujo significado é: "Quando a questão é sobre a vida ou a morte de um homem, nenhum atraso é muito longo para admitir a investigação dos fatos". Ver: https://legaldictionary.lawin.org/de-morte-hominis-nulla-est-cunctatio-longa/ (N. E.)

77. Da epopeia *Geórgicas*, de Públio Virgílio. Em tradução livre: "Muitos homens superam durante eras". (N. E.)

grande questão em que nenhum atraso deve ser considerado tedioso, é geralmente determinada em vinte e quatro horas, no máximo. Não é de se admirar que a injustiça e o absurdo sejam companheiros inseparáveis.

Pergunte aos políticos o fim para o qual as leis foram originalmente desenhadas; e eles irão responder que as leis foram concebidas como uma proteção para os pobres e fracos contra a opressão dos ricos e poderosos. Mas certamente nenhuma pretensão pode ser tão ridícula; um homem poderia muito bem me dizer que ele tirou minha carga, porque ele mudou o fardo. Se o pobre não é capaz de defender seu processo, segundo a maneira vexatória e dispendiosa estabelecida nos países civilizados, o rico não tem sobre ele uma vantagem tão grande quanto o forte tem sobre o fraco em estado de natureza? Mas não colocaremos o estado de natureza, que é o Reino de Deus, cm competição com a sociedade política, que é a absurda usurpação do homem. Em um estado de natureza, é verdade, que um homem de força superior pode me bater ou roubar; mas então é verdade que estou em plena liberdade para me defender, ou fazer represália por surpresa ou por astúcia, ou por qualquer outro meio pelo qual eu possa ser superior a ele. Mas na sociedade política, um homem rico pode me roubar de outra maneira. Não posso me defender; pois o dinheiro é a única arma com a qual termos a permissão para lutar. E, se eu tentar me vingar, toda a força dessa sociedade está pronta para completar minha ruína.

Um bom pároco uma vez disse que, onde o mistério começa, a religião termina. Não posso afirmar, a respeito das Leis humanas, pelo menos como verdade, que onde começa o mistério, termina a justiça? É difícil dizer se os doutores em direito ou divindade fizeram os maiores avanços no lucrativo negócio do mistério. Os advogados, assim como os teólogos, erigiram outra razão além da razão natural; e o resultado foi outra justiça além da justiça natural. Eles confundiram o mundo e a si mesmos em formas e cerimônias sem sentido e complicaram os assuntos mais simples com um jargão metafísico, que traz, para um homem fora dessa profissão, o maior perigo dar o menor passo sem seu conselho e assistência. Assim, confinando a si mesmos o conhecimento do fundamento da vida e propriedades de todos os homens, eles reduziram toda a humanidade à mais abjeta e servil dependência. Somos inquilinos à vontade desses senhores para tudo; e fica a um trocadilho metafísico decidir se o maior vilão vivo vai enfrentar seu castigo, ou escapar impunemente, ou se o melhor homem de uma sociedade não deve ser reduzido à condição mais baixa e mais desprezível que ela oferece. Em uma palavra, meu senhor, a injustiça, a morosidade, a puerilidade, o falso refinamento e o afetado mistério da lei são tais que muitos que vivem sob ela chegam a admirar e invejar a rapidez, simplicidade e igualdade dos julgamentos arbitrários. Eu preciso insistir menos neste artigo para Vossa Senhoria, já que você, muitas vezes, lamentou as misérias que nos vêm da lei artificial, e sua sinceridade deve ser mais admirada e aplaudida nisso, pois a nobre casa de Vossa Senhoria obteve sua riqueza e suas honras dessa profissão.

Antes de terminarmos nosso exame da sociedade artificial, levarei Vossa Senhoria a uma consideração mais detalhada das relações às quais ela dá origem e dos Benefícios, se é que existem, que resultam dessas relações. A divisão mais óbvia da sociedade é em ricos e pobres; e não é menos óbvio que o número dos primeiros está em uma grande desproporção ao dos últimos. Todo o negócio dos pobres é administrar a ociosidade, a insensatez e o luxo dos ricos; e o dos ricos, em troca, é encontrar os melhores métodos para corroborar a escravidão e aumentar os fardos dos pobres. Em um estado de natureza, é uma lei invariável a de que as aquisições de um homem são proporcionais aos seus trabalhos. Em um estado de sociedade artificial, é uma lei tão constante e tão invariável que quem mais trabalha desfrute de menos coisas; e que aqueles que não trabalham têm o número maior de prazeres. Uma constituição das coisas assim é estranha e ridícula além da Expressão. Mal acreditamos em uma coisa quando nos falam a respeito, algo que realmente vemos diante de nossos olhos todos os dias sem ficarmos minimamente surpresos. Suponho que haja na Grã-Bretanha mais de cem mil pessoas empregadas em minas de chumbo, estanho, ferro, cobre e carvão; esses infelizes miseráveis raramente veem a luz do Sol; eles estão enterrados nas profundezas da terra; lá trabalham em uma tarefa severa e sombria, sem a menor perspectiva de serem libertos dela; sobrevivem com o mais grosseiro e pior tipo de dieta; têm sua saúde miseravelmente prejudicada e suas vidas abreviadas, por estarem permanentemente confinados em proximidade ao vapor desses minerais malignos. Mais cem mil, pelo menos, são torturados sem perdão pela fumaça sufocante, pelo fogo intenso e pelo constante penoso trabalho necessário para refinar e administrar os produtos dessas minas. Se algum homem nos dissesse que duzentas mil pessoas inocentes foram condenadas a uma escravidão tão intolerável, como poderíamos ter pena dos infelizes sofredores e quão grande seria nossa justa indignação contra aqueles que infligiram um castigo tão cruel e ignominioso? Esse é um exemplo, eu não poderia desejar um mais forte, das inúmeras coisas pelas quais passamos em seus trajes comuns, mas que nos chocam quando são representadas nuas. Mas esse número, por mais considerável que seja, e a escravidão, com toda sua vileza e horror, que temos em casa, não são nada para o que o resto do mundo oferece da mesma natureza. Milhões de pessoas diariamente banhadas nos gases venenosos e eflúvios destrutivos de chumbo, prata, cobre e arsênico. Para não falar desses outros empregos, dessas estações de miséria e desprezo nas quais a sociedade civil colocou os numerosos *enfans perdus*[78] de seu Exército. Algum homem racional se submeteria a um dos mais toleráveis desses trabalhos penosos, apesar de todos os prazeres artificiais que a política fez dela resultar? De jeito nenhum. E ainda preciso sugerir a Vossa Senhoria que aqueles que encontram os meios e aqueles que chegam ao fim não são as mesmas pessoas. Ao considerar as estranhas e inexplicáveis fantasias e artifícios da razão artificial, em algum lugar chamei esta terra de balbúrdia de nosso sistema. Olhando agora para os efeitos de algumas dessas fantasias, não podemos com igual Razão chamá-la igualmente de Newgate[79] e Bridewell[80] do Universo. De fato, a cegueira de uma parte da humanidade, cooperando com o loucura e a vilania da outra, foi o verdadeiro construtor desse

---

78. Meninos perdidos ou soldados em postos ou missões perigosas. *Dicionário Merriam-Webster.* (N. T.)

79. Newgate: foi um dos sete portões históricos do Muro de Londres e um dos seis da época romana. A partir do século XII, partes dos edifícios do portão foram usadas como prisão, com o mesmo nome. O nome "Novo" se devia à crença que teria sido posterior à dominação romana, mas constatou-se por evidências arqueológicas que era mesmo essa a sua origem. (N. R.)

80. Palácio Bridewell de Londres: construído como residência do rei Henrique VIII, foi uma de suas casas no início de seu reinado, por oito anos. Doado à City of London Corporation por seu filho, Eduardo VI, foi usado como orfanato e, em 1556, parte de suas dependências foi usada como prisão. Foi demolido em 1864. (N. R.)

respeitável tecido da sociedade política: e como a cegueira da humanidade causou sua escravidão, em troca seu estado de escravidão é feito um pretexto para mantê-los em um estado de cegueira; pois o político vos dirá seriamente que sua vida de servidão desqualifica a maior parte da raça humana para a busca da verdade, e lhes fornece nada mais do que ideias mesquinhas e insuficientes. Isso é muito verdadeiro; e essa é uma das razões pelas quais culpo tais instituições.

Em uma miséria desse tipo, admitindo algumas poucas lenidades, e dessas também, apenas algumas, nove em dez partes de toda a raça humana se arrastam pela vida. Pode-se, talvez, argumentar, como paliativo disso, que, pelo menos, os poucos ricos encontram um benefício considerável e real da miséria de muitos. Mas isso é, de fato, assim? Vamos examinar esse ponto com um pouco mais de atenção. Para esse propósito, os ricos em todas as Sociedades podem ser divididos em duas classes. A primeira é daqueles que são poderosos e ricos e que conduzem as operações da vasta máquina política. A outra é daqueles que empregam suas riquezas inteiramente na aquisição de prazer. Quanto ao primeiro tipo, seu cuidado e ansiedade contínuos, seus dias penosos e noites sem dormir são quase proverbiais. Essas circunstâncias são suficientes para quase nivelar sua condição àquela da infeliz maioria; mas há outras circunstâncias que os colocam em uma condição muito inferior. Não apenas suas interpretações trabalham continuamente, que é o trabalho mais severo, mas seus corações são dilacerados pela pior, mais perturbadora e insaciável de todas as paixões, pela avareza, pela ambição, pelo medo e pelo ciúme. Nenhuma parte da mente tem descanso. O poder gradualmente extirpa da mente toda virtude humana e gentil. Piedade, benevolência, amizade são coisas quase desconhecidas nas altas posições.

*Varæ amicitiæ rarissime inveniuntur in iis qui in honoribus reque publica versantur*[81], diz Cícero. E, de fato, os tribunais são as escolas onde crueldade, orgulho, dissimulação e traição são estudados e ensinados na mais viciosa perfeição. Esse é um ponto tão claro e reconhecido que, se não fizesse uma parte necessária da minha questão, eu o deixaria completamente de lado. E isso me impediu de fazer um desenho completo, e nas cores mais impressionantes, desse quadro chocante da degeneração e miséria da natureza humana, naquela parte que é vulgarmente considerada seu estado mais feliz e mais amável. Você sabe de quais originais eu poderia copiar esses quadros. Felizes são aqueles que os conhecem o suficiente para conhecer o pequeno valor dos possuidores de tais coisas e de tudo o que possuem; e felizes aqueles que foram arrebatados daquele posto de perigo que ocupam, com os restos de sua virtude; perda de honras, riquezas, títulos e até mesmo a perda de seu país, nada está em equilíbrio com uma vantagem tão grande.

Vejamos agora as outras espécies de ricos, aqueles que dedicam seu tempo e riqueza à ociosidade e ao prazer. Quão mais felizes eles são? Os prazeres que são agradáveis à natureza estão ao alcance de todos e, portanto, não podem gerar uma distinção em favor dos ricos. Os prazeres que a arte impõe raramente são sinceros e nunca satisfatórios. O que é pior, essa constante aplicação ao prazer tira o gozo, ou melhor, transforma-o na natureza de algo muito pesado e trabalhoso. Isso tem consequências muito mais fatais. Ela produz um estado de corpo valetudinário, acompanhado por todas aquelas horríveis desordens, e ainda mais horríveis métodos

---

81. Em tradução livre: "Amizades são raramente encontradas entre aqueles que estão engajados em honras e em questões de Estado". (N. E.)

de cura, que são o resultado do luxo por um lado, e os fracos e ridículos esforços da arte humana, por outro. Os prazeres de tais homens dificilmente são sentidos como prazeres; ao mesmo tempo que provocam dores e doenças, que são sentidas, e muito severamente. A mente tem sua parte do infortúnio; torna-se preguiçosa e enfraquecida, sem vontade e incapaz de buscar pela verdade, e completamente incapaz de conhecer, muito menos de saborear, a verdadeira felicidade. Os pobres, por seu trabalho excessivo, e os ricos, por seu enorme luxo, são colocados em um nível e tornados igualmente ignorantes de qualquer conhecimento que possa conduzir à sua felicidade. Uma visão sombria do interior de toda a sociedade civil. A parte inferior quebrada e moída pela opressão mais cruel; e os ricos por seu método artificial de vida trazendo sobre si mesmos males piores do que sua tirania poderia infligir aos que estão abaixo deles. Muito diferente é a perspectiva do estado natural. Aqui não há necessidades que a natureza dá, e neste estado os homens não podem estar sensíveis a outras necessidades que não sejam supridas por um grau de trabalho muito moderado; portanto, não há escravidão. Tampouco existe luxo, porque nenhum homem pode garantir o que é necessário para tanto. A vida é simples e, portanto, é feliz.

Estou consciente, meu Senhor, que o vosso político insistirá em sua defesa, que este estado desigual é altamente útil. Que sem condenar alguma parte da humanidade ao trabalho extraordinário, as artes que cultivam a vida não poderiam ser realizadas. Mas eu pergunto a esse político, como tais artes vieram a ser necessárias? Ele responde que a sociedade civil não poderia existir sem elas; de tal modo que essas artes são necessárias à sociedade civil, e a sociedade civil é, mais uma vez, necessária a essas artes. Assim, correndo em círculo, sem modéstia e sem propósito, e fazendo de um erro e extravagância uma desculpa para o outro. Tenho, com frequência, conversado amplamente com meus amigos sobre meus sentimentos a respeito dessas artes e sua causa. O papa os expressou em bom verso, onde fala com tanta força de razão e elegância de linguagem em louvor ao estado de natureza: então não era o orgulho, nem as artes que o orgulho ajudava, o homem andava com a besta, um coinquilino da sombra.

De modo geral, meu senhor, se a sociedade política, em qualquer forma, ainda fez dos muitos a propriedade de poucos; se introduziu trabalhos desnecessários, vícios e doenças desconhecidos e prazeres incompatíveis com a natureza; se, em todos os países, ela reduz a vida de milhões e torna a vida desses milhões mais abjeta e miserável, ainda devemos adorar um ídolo tão destrutivo e sacrificar diariamente a ele nossa saúde, nossa liberdade e nossa paz? Ou devemos passar por esse monstruoso amontoado de noções absurdas e práticas abomináveis, pensando que cumprimos suficientemente nosso dever de expor as trapaças insignificantes e os malabarismos ridículos de alguns padres loucos, maquinadores ou ambiciosos? Ai de mim! Meu Senhor, trabalhamos sob um desgaste mortal, enquanto ficamos muito ansiosos pela cura de um dedo dolorido. Pois esse Leviatã do poder civil não inundou a Terra com um dilúvio de sangue, como se fosse feito para se divertir e brincar nela? Nós mostramos que a sociedade política, em um cálculo moderado, tem sido o meio para assassinar, várias vezes, o número de habitantes agora sobre a Terra, durante sua curta existência, não mais de quatro mil anos em quaisquer contas das quais se possa depender. Mas nada dissemos da outra consequência dessas guerras, e talvez tão má quanto, que derramaram tantos mares de sangue e reduziram tantos milhões a uma escravidão impiedosa. Mas essas são apenas as cerimônias realizadas no pórtico do templo político. Muito mais horríveis são vistas quando você entra nele. As várias espécies de governo rivalizam entre si no absurdo de suas constituições e na opressão que fazem seus súditos suportar. Tome-os sob a forma que quiser, eles, na prática, são apenas despotismo, e caem, tanto em efeito quanto em aparência, após um período muito curto, naquela espécie cruel e detestável de tirania; como eu prefiro chamá-la, porque fomos educados sob uma outra forma diferente dessa, que é das piores consequências para a humanidade. Pois os governos livres, no que se refere ao seu espaço e ao momento de sua duração, sentiram mais confusão e cometeram atos de tirania mais flagrantes do que os governos despóticos mais perfeitos que já conhecemos. Volte seus olhos para o labirinto da lei e para a iniquidade concebida em seus intrincados recônditos. Considere as devastações cometidas nas entranhas de todas as Repúblicas por ambição, por avareza, inveja, fraude, injustiça aberta e amizade fingida; vícios que poderiam obter pouco apoio de um estado de natureza, mas que desabrocham e florescem na hierarquia da sociedade política. Revolva todo o nosso discurso; acrescente a ele todas as reflexões que seu próprio bom entendimento deva sugerir, e faça um esforço árduo além do alcance da filosofia vulgar, para confessar que a causa da sociedade artificial é ainda mais indefesa do que a da religião artificial; que é tão depreciativo da honra do Criador, como subversivo da razão humana, e gerador de infinitamente mais danos à raça humana.

Se as pretensas revelações causaram guerras onde se opuseram e [causaram] escravidão onde foram recebidas, as pretensas invenções sábias dos políticos fizeram o mesmo.

Mas a escravidão foi muito mais pesada, as guerras muito mais sangrentas e ambas mais universais em muitos níveis. Mostre-me qualquer maldade produzida pela loucura ou impiedade dos teólogos, e eu lhe mostrarei cem, resultantes da ambição e vilania de conquistadores e estadistas. Mostre-me um absurdo em religião, eu me comprometo a lhe mostrar cem por um em leis e instituições políticas. Se você diz que a religião natural é um guia suficiente sem a ajuda externa da revelação, em que princípio as leis políticas deveriam se tornar necessárias? A mesma razão não está disponível na teologia e na política? Se as leis da natureza são as leis de Deus, é coerente com a sabedoria divina prescrever-nos regras e deixar a sua aplicação à insensatez das instituições humanas? Você seguirá a Verdade, mas apenas até certo ponto?

Somos devedores de todas as nossas misérias à nossa desconfiança daquele guia, que a Providência julgou suficiente para nossa condição, nossa própria razão natural, que, rejeitando tanto nas coisas humanas quanto nas divinas, entregamos nossos pescoços ao jugo da escravidão política e teológica. Nós renunciamos à prerrogativa do homem, e não é de surpreender que devamos ser tratados como bestas. Mas nossa miséria é muito maior do que a deles, pois o crime que cometemos ao rejeitar o domínio legítimo de nossa razão é maior do que qualquer outro que eles possam cometer. Se, depois de tudo, você reconhecer todas essas coisas, mas alegar a necessidade de instituições políticas, fracas e perversas como elas são, posso argumentar com igual, talvez superior, força a respeito da necessidade de religião artificial; e a cada passo que você avança em seu argumento, você soma força ao meu. De modo que, se estamos decididos a submeter nossa razão e nossa liberdade à usurpação civil, nada mais temos a fazer senão conformar-nos o mais silenciosamente que pudermos às noções vulgares que estão relacionadas a isso, e assumir também a teologia do vulgar, bem como sua Política. Mas, se pensarmos que essa necessidade é mais imaginária do que real, devemos renunciar a seus sonhos de sociedade, juntamente a suas visões de religião, e vindicarmos em perfeita liberdade.

Você está, meu senhor, apenas entrando no mundo; eu estou saindo dele. Eu joguei o suficiente para estar completamente cansado do drama. Quer eu tenha desempenhado minha parte bem ou mal, a posteridade julgará com mais imparcialidade do que eu, ou do que a era atual, com nossas paixões atuais, pode possivelmente pretender. De minha parte, desisto sem suspirar e me submeto à ordem soberana sem murmurar. Quanto mais nos aproximamos do objetivo da vida, melhor começamos a compreender o verdadeiro valor de nossa existência e o real peso de nossas opiniões. Partimos muito apaixonados por ambos; mas deixamos muito para trás à medida que avançamos. Primeiro jogamos fora as fábulas junto aos chocalhos de nossas amas; as fábulas do sacerdote mantêm seu controle por um pouco mais de tempo; as de nossos governadores mantêm o seu pelo tempo mais longo de todos. Mas as paixões que escoram essas opiniões são retiradas uma após a outra; e a fria luz da razão no cenário de nossa vida mostra-nos o que um falso esplendor jogou sobre esses objetos durante nossas estações mais otimistas. Feliz, meu senhor, se instruído por minha experiência, e mesmo por meus erros, você vier cedo para fazer uma estimativa das coisas, como poder dar liberdade e facilidade à sua vida. Estou feliz que tal estimativa me prometa conforto em minha morte.

*FINIS.*

# PARA ENTENDER
# UM POUCO MELHOR
# ESSE TAL BURKE

POSFÁCIO
# PARA ENTENDER UM POUCO MELHOR ESSE TAL BURKE

"Paradoxalmente, a ressureição de Burke é um produto dos descontentes modernos"[82], assim escreveu Russell Kirk em *Edmund Burke: redescobrindo um gênio*. Nada mais justo, e não teria como começar este ensaio com outra frase. Eu diria, com aquela calma que ronda tantos os soberbos quanto os homens que trazem verdades em suas penas, que Edmund Burke era um gênio, pois tinha a rara destreza de encontrar no cimentar de ideias, nos farelos de liga, os princípios de erros que trariam danos perenes à civilização se não fossem combatidos a tempo. E agora podemos ter acesso a esses insights do parlamentar e filósofo político irlandês, mais conhecido como pai do conservadorismo moderno.

---

82. KIRK, Russell, *Edmund Burke: redescobrindo um gênio*, São Paulo: É realizações, 2016, p. 136.

Da mesma forma que o Brasil já tinha sido brindado com *Reflexões sobre a revolução na França*, o clássico da filosofia política conservadora, o Clube Ludovico traz agora – em uma edição exclusiva – *Uma defesa da sociedade natural*[83] onde o jovem Burke é apresentado como um satírico dos mais habilidosos.

Em 1756, ano no qual a primeira edição de *Uma defesa da sociedade natural* foi lançada, não havia se passado nem mesmo um ano do lançamento do clássico romântico de Jean-Jacques Rousseau *A origem da desigualdade entre os homens*; obra que, apesar de não ter sido a intenção de Burke, acabou se tornando o principal alvo da crítica satírica do irlandês com o passar dos anos.

Para aqueles que estão chegando aos mares burkeanos neste instante, devo destacar algumas ideias – as principais, acredito – da filosofia de Burke para que possamos digerir bem esse denso escrito que acabamos de vencer. Para tanto, mais do que *Uma defesa da sociedade natural*, reivindicaremos seu outro mais famoso título, *Reflexão sobre a Revolução na França*, para bem compreendermos a filosofia por de trás dos escritos de Burke:

1. Burke não acredita que a sociedade e a política nela praticada sejam frutos de alguma pureza idílica, ou que haja no mundo algum arquétipo ideal de comunidade natural que tenha sido prostituída pela religião cristã, filosofia grega e/ou direito romano – como vários ideólogos iluministas acreditavam. Burke, antes, crê que o mérito, a bonança que cerca a civilização ocidental, advém justamente de um labor refinado e racional de séculos e mais séculos, de um constante acumular de experiência compartilhado entre os mortos, os vivos e os que ainda nascerão.

---

83. E também sob a ótima tradução de Roberta Sartori, não poderia deixar de notar.

> Nessa escolha de herança, demos à nossa moldura política a imagem de uma relação de sangue; unindo a Constituição de nosso país aos nossos mais caros laços domésticos; adotando nossas leis fundamentais no seio de nossas afeições familiares; mantendo inesperáveis e cultivando com o calor de todos os seus benefícios combinados e recíprocos nosso Estado, nossos corações, nossos sepulcros e nossos altares[84].

A política do homem, para Burke, baseia-se no melhor ajuste possível da realidade, e não no melhor dos mundos sonhados por intelectuais; o projeto nunca será – por mais científico e elaborado que ele seja – mais factível que a prática na realidade. Dessa maneira, Burke recusa quaisquer utopias como vias políticas possíveis e, como método, ele parte do observado para o possível, e não da miríade filosófica para o encaixe forçado da sociedade nos parâmetros ideológicos buscados.

> Como assinala Walter Love, Burke normalmente argumentava das circunstâncias para o princípio: ou seja, via as coisas e os homens e, depois, buscava os princípios gerais aplicáveis aos descontentes em geral[85].

2. Para Edmund Burke, a fé é o sustento da sociedade, os valores religiosos fincados na alma do homem ocidental são justamente o que o torna civilizado, isto é, capaz de conviver e crescer em sociedade. Uma sociedade somente poderá prosperar e crescer se nela houver um povo cuja virtude e os vícios

---

84. BURKE, Edmund. *Reflexões sobre a revolução na França*. São Paulo: Edipro, 2014, p. 56.

85. KIRK, Russell, *Edmund Burke: redescobrindo um gênio*, São Paulo: É realizações, 2016, p. 169.

estão bem dispostos numa estrutura de crenças fundamentais, ao ponto de que as leis e costumes baseados nesses princípios pareçam minimamente justos a todos. Nesse contexto, em Burke, é papel da religião fortalecer a moral social, é também função dela, num primeiro instante, garantir a coesão mínima entre os valores dos indivíduos, ou seja, a possibilidade de um empreendimento social entre as pessoas. Não se confuda, porém, a prática política com a prática da fé, como ele mesmo afirma: "deveríamos ter em mente que a política e o púlpito pouco se harmonizam"[86]; quando

> Esses entusiastas não têm escrúpulos em confessar sua opinião de que um Estado pode subsistir melhor sem religião do que com ela, e de que são capazes de substituir qualquer bem que possa haver nela por um projeto de sua própria invenção[87].

Ou seja, Burke acredita que a religião tem o poder de garantir uma coesão de costumes, uma moralidade perene – ou quase perene – que possibilita uma liga dignificante da interação e cooperação do homem em sociedade. Tal papel não pode ser emulado por qualquer educação cívica, religião científica ou política; projeto filosófico algum tem o poder de agregar sentido e parâmetros morais aos indivíduos como a religião, sem ela andaríamos sem balizas e sem rumo numa sociedade atomizada e pueril.

---

86. BURKE, Edmund. *Reflexões sobre a revolução na França*. São Paulo: Edipro, 2014, p. 34.

87. *Op. Cit.*, p. 163-164.

3. Burke não acredita que a *revolução* social seja uma via de *evolução* social. Sem nos apegarmos semanticamente aos termos, temos que entender o cerne da contrariedade de Burke às revoluções. Como vimos no ponto (1), Burke acredita que a sociedade em que vivemos é, em si mesma, uma continuação perene da civilização, que, mesmo entre rupturas, guerras e justaposições de poderes, mantém-se algum elo entre "nosso Estado, nossos corações, nossos sepulcros e nossos altares". A reforma, para Burke, – ao contrário da revolução – tem um caráter sacramental de continuação, e não de rompimento em busca de recriação; a crítica burkeana à Revolução Francesa está basicamente situada em uma característica: o ato dos revolucionários tentarem apagar ditatorialmente a história de seu país em nome de um construto filosófico sintético, baseado soberbamente na capacidade iluminada de pensadores finitos, falhos e arrogantes de criar uma sociedade *ex nihilo*.

> Um espírito de inovação [política] é, em geral, o resultado de um caráter egoísta e de perspectivas restritas. Um povo que não cultiva a memória de seus ancestrais não cuidará de seus descendentes. Ademais, o povo inglês sabe bem que a ideia de herança proporciona um princípio seguro de conservação e um princípio seguro de transmissão, sem excluir totalmente um princípio de aperfeiçoamento. Deixa livre a aquisição, mas assegura o adquirido[88].

88. *Op. Cit.* p. 55

O Estado, para Burke, é uma instituição representativa do povo, e como instituição, seus partícipes agregam seus conhecimentos diversos, bem como seus costumes e, dessa maneira, fraturar a sociedade em nome de uma imposição ideológica se torna uma violência que, apesar de aparecer também em sua forma física e bélica, é antes uma violência moral e civilizacional. Para o parlamentar irlandês, a nenhum grupo é dado o poder de fragmentar a história de seu povo em nome de um pensamento ou projeto político, por mais iluminado e santo que pareça ser tal projeto. Diz Burke:

> O Estado é uma associação que participa de todas as ciências, todas as artes, todas as virtudes e todas as perfeições. Como os fins dessa associação não podem ser obtidos em muitas gerações, torna-se uma parceria não só entre os vivos, mas também entre os mortos e os que hão de nascer[89].

Como nenhuma ideologia é capaz de garantir ao homem aquela sabedoria que só pode ser resguardada no arcabouço da experiência humana acumulada. Como a nenhum homem foi dado a onisciência e a onipotência de gestar na realidade o conjunto de saberes que somente a história e os conhecimentos maturados podem gestar, não há nenhuma sociedade criada do nada que poderá garantir o que a civilização e seu séculos e milênios poderão. Por isso, para Burke, a atitude sensata do homem é guardar as proporções de suas capacidades, jamais esquecer de sua finitude defeituosa, lembrar-se constantemente que os alicerces dispostos pela humanidade não são tochas e bambus de grupos nômades, mas sim pilastras

---

89. *Op. Cit.* p. 115.

de conhecimentos acumulados, verdades envelhecidas nos carvalhos dos séculos.

Sabendo dessas três crenças fundamentais da filosofia burkeana: 1 – a política não é feita por utopias, mas por melhores ajustes possíveis; 2 – a religião é o alicerce que possibilita a sociedade; 3 – a revolução é uma fratura na história humana e que a experiência humana acumulada é impossível de ser reproduzida por ideologias; tendo em vista esses três pontos, poderemos melhor navegar na crítica que *Uma defesa da sociedade natural* pode nos dar.

A genialidade analítica de Burke vai além, por exemplo, ele praticamente antecipou a extensão e capacidade da crueldade e arrogância da Revolução Francesa[90] em seu panfleto *Reflexões sobre a Revolução na França*. Nesse aspecto Niall Ferguson em *A praça e a torre* afirma: "Nem todos perceberam tão rápido quanto Edmund Burke que a revolução na França seria bem mais sangrenta do que a nos Estados Unidos. Na época do Terror, a diferença era inegável"[91]; em *Uma defesa da sociedade natural* Burke, igualmente antecipou o problema fundamental do romantismo naturalista de Lord Bolingbroke e Jean-Jacques Rousseau, assim como o problema fundamental que tais ideias gestariam nos séculos XIX e XX: o "faz de quê" gerado por

---

90. O conhecido "período de terror" da Revolução Francesa ocorreu especialmente entre 1792 e 1794, quando a perseguição religiosa, as expropriação das propriedades dos nobres – e daqueles que com eles tinham ligações –, os expurgos e demais violências políticas se intensificaram fortemente. Por sua via, *Reflexões sobre a Revolução na França* foi lançado – em sua primeira edição – em 1 de novembro de 1790, praticamente antecipando em dois anos os acontecimentos macabros daquela revolução, bem como os erros filosóficos que justificariam aquele movimento de ruptura.

91. FERGUSON, Naill. *A praça e a torre: redes hierárquicas e a luta pelo poder global.* Planeta: São Paulo, 2018, p. 148.

essa busca de um naturalismo idílico e reacionário, de um modo de vida que dispensa a experiência humana acumulada, as regras e preceitos sociais criados a partir daquilo que Adam Smith chamou de "empatia" – a interação racional e consciente dos indivíduos –, acabaria, por fim, transformando-se em uma religião política que prometeria a salvação terrena através de um projeto de humanidade impoluta e "natural" – a palavrinha mágica que fazia todo mundo no século XVIII cair de amores. Em seu prefácio de 1757, Edmund Burke esclarece:

> O projeto era mostrar que, sem a aplicação de quaisquer forças consideráveis, os mesmos mecanismos que foram empregados para a destruição da religião poderiam ser empregados com igual sucesso para a subversão do governo; e que argumentos enganosos podem ser usados contra aquelas coisas que eles, que duvidam de tudo mais, nunca permitirão serem questionadas[92].

Paul Hazard em *A crise da consciência europeia: 1680-1715* segue a mesma linha de raciocínio, só que de forma mais sucinta: "Mas depois de ter destruído a moral da ordem divina, como reconstruir a moral na ordem humana? A dificuldade começava aqui"[93]. Burke habilmente desconstrói, ou melhor dizendo, mostra a verdadeira ruína do pensamento naturalista europeu expondo de forma satírica o que eles pensam sinceramente ser a sociedade natural. Ao final da obra, um resumo característico desse pensamento fica gravado em nossa mente, e de forma instintiva surge a pergunta elementar que

92. Prefácio de *Uma defesa da sociedade natural*. (N. E.)

93. HAZARD, Paul. *A crise da consciência europeia*: 1680-1715. Rio de Janeiro: Editora UFRJ, 2015.

PARA ENTENDER UM POUCO MELHOR ESSE TAL BURKE

Burke sinceramente fez a Lord Bolingbroke: "tá ok, mas como fazer tudo isso dar certo sem agregar um poder político central asfixiante, ou mesmo levar a sociedade agora constituída a uma desfragmentação contínua(?), a um estado em que o próprio absolutismo tribal passasse novamente ser o desejo de cada família"?

Nós suspenderemos então as convenções da tradição, aboliremos as regras morais da comunidade, sufocamos as vozes da autoridade social, os moralistas de batina serão enclausurados. Todavia, o passo seguinte, caso ainda queiramos viver juntos neste planeta, seria recriar novas convenções, instituir novas regras morais, criar novas autoridades de arbítrio, fundar novas religiões que deem coesão de existência. O naturalismo é uma utopia arrogante, é um egocentrismo do homem que, na ânsia de revoltar-se contra a tradição e contra Deus, quer ser ele mesmo a baliza de seu vizinho, o deus de seus parentes.

E é aqui, nesse ponto determinante onde encontramos um dos marcos das ideologias modernas totalitárias, do comunismo ao nazismo, todos atravessam esses anseios de revogação da história do homem e a criação de um novo paradigma político a partir de suas constatações ideológicas. Burke, assim, sem saber, é verdade, combatia o mal moderno antes mesmo que ele pudesse tomar corpo e forma; com sua genialidade filosófica ele percebeu que o naturalismo utópico plantaria o engano, que o romantismo político seria o pai de algo muito pior. Burke, entendeu que Rousseau e Bolingbroke – sabendo ou não – estavam mais do que criticando as falhas da sociedade europeia do século XVIII, eles estavam propondo uma ruptura civilizacional, uma troca de mentalidade, o autoengano em troca de um mundo de faz de conta onde o homem não mais precisaria pedir permissão para andar nu ou pegar o pão na

– 123 –

padaria. Uma sociedade sem regras e sem grilhões políticos e religiosos. Em suma, uma sociedade do zero.

A genialidade filosófica e política de Edmund Burke, dessa maneira, está em sua leitura das ideias políticas, na firme crença de que a sociedade não é e nem nunca foi um joguete de intelectuais e poderosos, mas antes uma construção ousada e muito bem pensada por milhões de cabeças durante a história. E, quando se crê nisso, é muito difícil cair no conto das ideologias modernas.

A "ressureição" de Edmund Burke, nos dias atuais, se dá pelo mesmo motivo da sua proeminência parlamentar e oratória daqueles dias: ele sabia constatar o erro em sua raiz, oferecer uma crítica profunda às ideias, mesmo quando elas vinham todas confeitadas de benesses e amores ao homem – seja lá o que isso significa.

Burke é relevante à medida que poderíamos, se bem absorvermos suas críticas, análises e formas, transferir seus argumentos profundos aos nossos problemas de hoje, pois, se há uma característica cortante em todas boas críticas filosóficas é a sua perenidade de ação no tempo.

> No entanto, Burke tem sido invocado com todas as honras, pois é um daqueles gigantes (na expressão de um escolástico medieval) que nos apoiam sobre os ombros, um daqueles mortos que andam. Burke resiste como parte de uma grande continuidade e da verdadeira essência. Oferece uma alternativa às doutrinas lúgubres da ideologia na era das massas[94]

---

94. KIRK, Russell, *Edmund Burke: redescobrindo um gênio*, São Paulo: É realizações, 2016, p. 137.

Após ler a sátira de Burke em *Uma defesa da sociedade natural*, conseguiremos, por fim, compreender como a artificialidade arrogante das ideologias, que por vezes se esconde por de trás de um naturalismo vadio, e por outras, num cientificismo atabalhoado, faz da sociedade e dos indivíduos seus ratos de laboratório. Criticando a filosofia de seus dias, Burke nos municia com a mais preparada arma contra as investidas dos arquitetos de mundinhos perfeitos, dos "sereis como deuses". Isso mesmo, mais de 200 anos depois, Burke continua sendo o melhor antídoto contra as serpentes do Éden contemporâneo.

São Paulo, 21 de novembro de 2022

*Pedro Henrique Alves*[95]

---

95. Pedro Henrique Alves é filósofo, editor e ensaísta, escreve semanalmente para jornais e revistas especializadas no pensamento liberal e conservador sobre política, filosofia e história.

Acompanhe o Ludovico nas redes sociais

🌐 https://www.clubeludovico.com.br/

📷 https://www.instagram.com/clubeludovico/

f https://www.facebook.com/clubeludovico/

Esta edição foi preparada pela LVM Editora e por Décio Lopes,
com tipografia Baskerville e Garamond Premier Pro, em
novembro de 2022, para o Clube do Livro Ludovico.